激情與理智的極致追求

德意志的智慧

劉小明　著

前言 FOREWORD

激情與理智的極致追求

智慧也許是一個大煞風景的詞,沒有任何一個詞比這個詞更難界定,更難理解。給智慧下定義幾乎是不可能的。我們知道,智慧是在比邏輯陳述更深的層次上傳遞的,所有的語言都不能完全勝任。然而,智慧是實實在在存在的,它並非如康德所言的自在之物,它是可以認識和把握的。如果說對事物進行分類是認識事物的一種方法,那麼我們可以把智慧分為世故的智慧和精神的智慧。僅僅是前者,如果它忽略或並不力圖評判其理解範圍外的事物,最終難免會變成愚蠢;純粹精神的智慧在處理世事時,卻又無能為力。如果說中國人深具世故智慧,那麼德意志人就是精神智慧的傑出代表。對一個民族智慧的認識和描述,我們必須更多地涉及到歷史。

德意志是個擅於反思的民族,這一點只有猶太人可與之媲美。「什麼是德意志?」人們做了那麼多推測和認真的思考!然而,它就像海神普羅蒂厄斯那樣變化多端。人們知道,只有當你縛住了能預示未來的普羅蒂厄斯,才能迫使它講出將來要發生的事。要縛住它卻不容易。沒有比尼采在《超越善與惡》中所說的一段話被更多地引用了:

「德意志人比起其他民族,對他們自己就更為不可捉摸,更為複雜,更為矛盾,更為不可知,更難預測,更令人吃驚,甚至更為可怕……德意志人的特點就是:『什麼是德意志

人？』這個問題在他們當中始終存在……德意志人的靈魂中有一些通道和長廊，其中有洞穴、藏匿處和地牢，它的雜亂無章具有神祕之美。德意志人很熟悉通向混亂的僻徑。正如每個人都愛好自己的象徵一樣，德意志人愛好浮雲和一切模糊、發展變化、朦朧、不引人注意和隱蔽著的事物；對他們來說，似乎凡是不穩定、不成熟、自行轉移和成長著的東西都是『深邃』的。德意志人自己並不存在，他處在形成之中，他在發展他自己！因此，『發展』基本上是德意志人的發現，它恰好是大量常用哲學術語中的一個統治概念，這個概念和德意志啤酒、德意志音樂一起，正努力使整個歐洲德意志化。」

的確，德意志人的靈魂中充滿著分裂、矛盾的觀念，表現出人類心靈的全部複雜性。按照亞里斯多德的講法，人的精神包括知、情、意，德意志人真正展現了這三者所有的豐富性和深度。德國是一個詩人和思想家的國度。法國人向以思維清晰見長，這是社交生活砥礪的結果。德國人則以思想強健著稱。有人恰當地稱德國為思維的故鄉，這是名不虛傳的，哲學和科學是最好的例證。法蘭西民族向有浪漫多情的美譽，但以情感所達到的強度和深度而言，顯然要為德意志人讓步。德意志人深藏的激情有如海底湧動的暗流，他們在文學、音樂、繪畫方面所取得的巨大成就，樹起了一塊一塊豐碑，這些豐碑有如路標，指引看人類朝向這些領域所到達的最遠處。

馬丁·路德所領導的宗教改革不僅對德意志，而且對整個歐洲的歷史產生了深遠的影響，這是德意志人在宗教領域刮起的巨大風暴。它引起了宗教分裂，從此新教和天主教平分秋色。由新教帶來的新的倫理和價值觀極大地改變了歷史發展的方向和路徑。德國既是歐洲的一部分，又給歐洲帶入新的血

液。這種新的血液與主要繼承了希臘‧羅馬傳統的歐洲血液一直沒有完美地融合。我們常說一個人「血氣方剛」，對一個民族來說，也可以用這個詞形容。德意志是一個強悍的民族，它有著自己獨特的傳統和精神。我們也許可以用這一點來解釋為什麼宗教改革會在德國出現。

歷史證明，德意志的宗教分裂遠不是從馬丁‧路德開始。有這樣一種說法：德意志從沒有完全徹底地基督教化。甚至不僅是在宗教上，德意志民族才充滿這種矛盾複雜的心理，他們永遠是歐洲的精神戰場。希臘‧羅馬傳統與德意志傳統的鬥爭、文藝復興與中世紀精神的鬥爭、文化對抗文明的鬥爭始終存在。德國與歐洲的精神分歧歷來就是一個令人津津樂道的話題。俄國小說家陀斯妥也夫斯基說，最能表現德意志人品質的，「就是他們從來不同意把他們的命運和原則與最外邊的西方世界的命運和原則融合在一起。這種品質是自從他們在歷史地平線上出現以來就有的。」可以為陀斯妥也夫斯基這段話做注解的是——德意志的民族主義。沒有一個國家產生了那麼強烈的民族主義。他們把民族作為永恆之物崇拜，甚至發展出一種狹隘的沙文主義性質的民族主義。這與我們平時所講的愛國主義有很大的不同。

浪漫主義在德國是一種無所不包的世界觀，它遠遠超越了文學和美學的範圍。它深刻地揭示了人類心靈深處的非理性力量，克服了理性主義顯得蒼白而無生氣的一面。

德國人對人類文明做出了巨大的貢獻，這要歸功於浮士德身上永無休止的探索精神。這是德國人最大的動力。德國人正是以這種嚴肅認真，孜孜以求，永不滿足的精神，攀登人類文化的高峰。舒伯特在《流浪者之歌》中這樣寫道——

流浪，不斷流浪，帶著血和淚
仰問蒼天：何處是我的歸宿？
靈魂在我的身邊暗告：
到你沒去過的地方，那兒有一切歡樂。

　　這種永不停息的探索精神是德意志民族最重要的特性之
一。歷史學家認為，在文化融合的中世紀，日耳曼民族對歐洲
文化的最大貢獻就是「活力」（力量、能量）。波瀾壯闊的民
族大遷徙、浩浩蕩蕩的十字軍東征、加洛林王朝的文藝復興所引
發的人們對知識不辭勞苦的追求，一直到後來，康德、歌德諸
賢哲對文化更明確的定位，從而扛起文化對抗文明，通過知識
獲救的大旗等等，無不體現了他們的這種探索精神。
　　文化上的巨大成就是德意志人永遠引以自豪的地方。然
而，在政治上，他們卻乏善可陳。有人說：德意志人在任何事
情上都是強有力的，在好事上如此，在壞事上亦然。在德意志
民族的偉人祠中，政治家卻很難覓得一席之地。這個國家的歷
史就像一輛雙層公共汽車，文化生活和政治生活有著各自的空
間，上面一層的乘客極目遠眺，飽覽旖旎風光，但不能影響汽
車的方向，因為坐在下面掌握方向盤的司機根本無暇顧及他
們。德意志民族在文化上積極進取，在政治上無所作為，這種
對照是鮮明的。當英、法等國很早就建立了自己的民族國家
時，德意志人還沉浸在大一統或邦國主義的睡夢中；當英、
法、美等國紛紛建立起自己的民主制度時，德國人卻還抱著開
明專制的寶貝愛不釋手。然而，德意志是一個精神強健的民
族，他們的政治家一樣流著這個民族的血液，他們不甘於平庸
無為，於是他們用做壞事來震驚世界。

目錄 CONTENTS

Chapter 1
為有源頭活水來

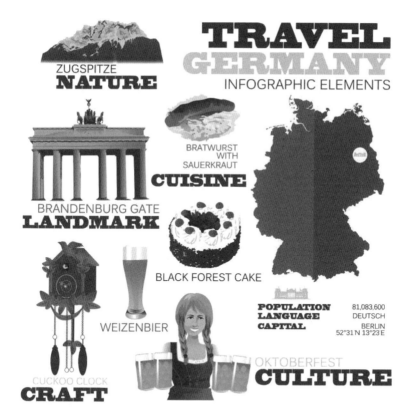

民族尋根

　　大約在公元三～五世紀，歷史反覆為我們提供這樣淒涼的場面：成千上萬衣衫襤褸，疲憊飢餓的男男女女、老老少少爭先恐後，在多瑙河、萊茵河上登上小船、木排、獨木舟，經洶湧的水流倉皇南渡。這種場面對於現代人來說並不陌生，我們經常從電視上看到由於戰爭引發的難民潮，據此可以依稀想像當時的情況。只是，其中艱辛，我們無法體會。這種場面斷斷續續進行了兩個多世紀，歷史上稱為「蠻族」大遷徙。

　　這裡所謂的「蠻族」，就是指日耳曼人。誰有權稱他們為「蠻族」呢？當然是當時屬於羅馬帝國的文明人。「日耳曼」，英文叫「Germanic」，「德國」叫「Germany」。在歷史上，甚至在今天一般人的頭腦中，往往把兩者混淆起來。其實，我們在談論古代的日耳曼人時，不應考慮到現代德國的疆域。歷史上的日耳曼代表巨大的地域。公元一～二世紀，大部分日耳曼人居住在萊茵河以東，維斯瓦河以西，北海和波羅的海以南，多瑙河以北的廣大地區。不過，我們不應忘記日耳曼人是一個不斷遷徙的民族，他們的早期歷史便是向四面八方遷居擴張的歷史。從法國到烏克蘭，從阿爾卑斯山到波羅的海之間，到處都有古日耳曼人的足跡。他們這種遷徙的特性固然與他們的文明程度較低，還沒有從遊牧時代過渡到農業時代有關，但不可否認的是，這也與他們好動的特性，永不停止的探索精神相聯繫。

　　在古代民族中，以遷徙的範圍之廣，規模之大而言，只有匈奴人堪與比肩。的確，古日耳曼人、匈奴人，從他們的強悍，從他們給文明世界造成的麻煩，他們的確有不少相似之處。然而，這並沒能使他們互相友好相處。上面所描述的大遷

徙就與匈奴人有關。由於匈奴人的西征，迫使日耳曼部落紛紛進入羅馬帝國境內，從而掀起波瀾壯闊的遷徙浪潮。這一次的日耳曼人大遷徙波及中歐、西歐、南歐甚至北非的廣大地區，當這一浪潮平息下來時，強大不可一世的羅馬帝國就從地平線上悄悄消失了。

從歷史上看，德國固然可以被看作屬於「日耳曼」，就一般而言，英格蘭、法蘭西、荷蘭、比利時、盧森堡、奧地利、瑞士也可以說是屬於「日耳曼」。斯堪地那維亞半島諸國——挪威、瑞典更是「日耳曼」大家族的一員。此外，波羅的海諸國、中歐、義大利、西班牙、葡萄牙，甚至北非等地，都存在著許多日耳曼成分。甚至美國的大多數公民也都是日耳曼人的後裔。後來的人沿用「野蠻人」一詞稱呼日耳曼民族，看來並不十分妥當：一、是他們似乎忘記了他們的祖先很可能就是日耳曼人，二、是他們似乎過低地估計了日耳曼人的文化狀態。

古日耳曼人是一些什麼樣的人呢？古代的歷史學家向我們這樣描述：他們長著高大的身軀、白色的皮膚、長型的腦袋、棕色的頭髮和碧藍的眼睛。與印度人、波斯人、希臘人、羅馬人一樣，都屬於雅利安人種，是高加索人種的一支。

早在公元前一〇〇〇年，日耳曼人就生活在波羅的海沿岸，包括今天的瑞典南部、丹麥的日德蘭半島、德國的北部海濱。那時候，他們以狩獵、畜牧為主。由於氣候寒冷，自然條件較差，他們只能不斷遷徙，尋找新的牧場和獵場。大約從公元前五世紀起，他們開始向南擴張，逼迫克爾特人讓位，從而占據喀爾巴阡山脈和波希米亞山脈以北的廣大平原地區。隨後，有一部分日耳曼部落留在易北河以東地區，有一部分繼續向西、向南遷移。

文明世界對日耳曼人的最早記載是在公元前三三〇年。有

一位叫匹泰阿斯的希臘探險家從地中海出發，經大西洋到北海探險。他在日德蘭半島西海岸發現了一片盛產琥珀的海灘，那裡居住著一個日耳曼部落。匹泰阿斯把它稱為「古頓」，寫在他的旅行日記上。經學者們考證，這個「古頓部落」便是條頓（Teutonen）。對紀元前日耳曼人的生活、遷徙情況，直到現在，我們仍然知道得很少。我們只能根據考古材料，了解到一些大略的情況。到公元一世紀，由於有了凱撒的《高盧戰記》，我們對這時的日耳曼人才有了較為詳細的了解。當時日耳曼人不斷向南向西發展，成為羅馬帝國的北方鄰居，邊境衝突不斷發生。尤利烏斯·凱撒率軍北征。為了了解日耳曼人的情況，凱撒遂著力搜集他們的情報，親自觀察日耳曼人的生活，為我們留下一些真實可靠的材料。

根據《高盧戰記》所載，當時的日耳曼人仍以畜牧、打獵為主，吃的是乾酪、牛奶和肉，穿的是獸皮。農業有一些發展，他們也種一些莊稼，但農業技術相當粗糙、落後。他們通常把森林放火燒掉，馬馬虎虎挖去樹根，隨隨便便撒下種子，然後就等著收穫。第二年又重新燒掉一片森林，播下種子。用這種耕種法，收穫自然不大。他們之所以這樣做，乃因他們仍漂泊不定。對他們來說，經常搬家不僅是因為生存上的需要，更彷彿是一種生活中的樂趣。為了這種樂趣，他們倒寧願犧牲掉一些生活中的其它享受。如他們的房屋十分簡陋，樹枝為樑，茅草當瓦。這樣的房子遮風避雨已是勉為其難，舒適當然是無從談起。好處是隨時可以搭建，隨時可以拋棄。他們家當也不多，貴重的就是一些獸皮和武器，摺到馬車上，車輪一轉，家就搬走了。

凱撒死後一百多年，情況出現了不少變化。羅馬史學家塔西佗（56-120 年）曾經在日耳曼人的地方居住了四年，對日耳

曼人做了詳盡的觀察和研究，在公元九八年完成了他的名著《日耳曼尼亞志》，詳實地描繪了日耳曼人的生活情況。根據這部著作，日耳曼人在塔西佗生存的時代，已從遊牧生活過渡到定居生活。

塔西佗時代的日耳曼人聚居在一座座村落裡，蓋了一幢幢房子。這時的房子用原木蓋成，塗上五顏六色的膠泥，使房子看起來光潔而明亮。房子一般還有地下室，不僅可以儲藏食物，也成為人們越冬的好地方。這種房子的式樣結構，令人住得舒適且愜意。

到了十九世紀，歐洲北部居民還很喜歡這種帶地下室的房子。安頓下來的日耳曼人，對農業也分外用心了。他們有了固定的耕地，還採用了一種重犁耕地。據記載，這種犁帶有輪子，可以控制犁地的深度，用起來較省力，而且還有一面犁刀劃土和一塊模板翻土，犁出來的溝又深又整齊。這種犁在當時的歐洲是最先進的，剛剛擺脫遊牧生活的日耳曼人能創造這樣的農具，不能不讓人對他們的創新能力大感驚嘆。

日耳曼人與羅馬帝國的交流大大促進了他們自身的進步和發展。他們從羅馬人那裡學會了各種手工技藝，還與羅馬人做起生意，開展了廣泛的邊境貿易。據說，他們在交易中寧願要銀幣而不要金幣，因為銀幣使用起來較為方便。

隨著社會的進步，日耳曼人開始講究生活了。塔西佗在世的時代，他們不再只是披著獸皮，一般人開始穿上用羊毛、亞麻縫製的衣服。窮人大多數只穿外衣，較富有的人裡邊還有緊身內衣。婦女的衣服則常常綴有紫色花邊。雖然他們也穿獸皮，但這時的獸皮已經過了挑選和加工的工序。所以，皮革斑紋漂亮，柔軟暖和。

誰是日耳曼人？

　　早期日耳曼人的歷史，我們得益於羅馬人的記載。但是，他們的描述有時難免帶著偏見。公元前後，正是日耳曼人向南不斷遷徙，羅馬帝國企圖征服日耳曼人，建立日耳曼行省的時候，雙方之間的衝突持續不斷。在凱撒和塔西佗及稍後一些作家的書裡，我們隨處可見的是日耳曼人的凶殘、嗜血成性、不講信用、喜歡搞陰謀詭計等等。他們的這些記載，有一部分是有根據的，有一些就只能姑妄聽之。確實，當時日耳曼人的文明程度較低，溫文爾雅是談不上的。他們在「武」的方面就頗為突出；再加上他們身材魁偉，勇敢非凡，甚至為了生存，常常不顧性命，鋌而走險，在戰爭不像今天這樣擁有超高技術的情況下，就更加深了人們這方面的印象。

　　據說，早期日耳曼人最鄙視的就是懦怯，臨陣脫逃或叛變是不可饒恕的最大罪。怯敵、厭戰者會被裝進用樹枝編成的囚籠，拋到沼澤裡淹死。當時整個民族都有一種尚武的風氣。他們認為，可以通過流血的方式獲得的東西，如果靠流汗的辦法得到，那就顯得太文弱無能了。德國中部有一個卡滕部落，族中青年男子常常「蓄鬚以明志」，一直不刮，等到殺死一個敵人以示勇敢之後，才站在血淋淋的敵屍上將臉刮光。

　　日耳曼人由於受到羅馬帝國的影響，加速了向文明社會邁進的步伐。公元初，羅馬為了阻止日耳曼人的進攻，沿萊茵河、多瑙河修築防禦工事，形成一條長達五百公里的三角形防線，史稱「羅馬邊壘」。但由於羅馬帝國日漸衰落，它既抵擋不了日耳曼人進攻的步伐，更阻止不了日耳曼人與羅馬人的文化交流。考古學家在日耳曼各地發現了公元二、三世紀的許多羅馬古物，包括大量金幣及家用器具、裝飾品、化妝品，如銅

・日耳曼人

碗、尺子、杯匙、剪刀、手鐲、頭飾、燈、梳等等。可以說，
當時羅馬人的日用品幾乎都能在日耳曼尼亞找到。這段時期，
很多日耳曼人充當羅馬手工業作坊的工人，他們從羅馬人那裡
學到了製陶、製玻璃、冶金等較高級的工藝，然後把這些工藝
傳到日耳曼各地。特別令人驚嘆的是這時他們已能製造工藝複
雜、技術高超，除了眼、口、嘴以外，可把面部全部遮擋起來
的銀盔和金屬絲編製的鎖子甲。他們的造船業也有很大的發
展。考古學家發現了世紀初日耳曼人建造的一隻柞木船，長
21 米多，寬近 3 米，要 28 人划槳，完全適合於航海。

在塔西佗時代，日耳曼人的祭司已使用一種簡單的文字。

它是借用希臘字母和羅馬字母創造的，史稱「魯恩文字」，刻在木板上。到了二、三世紀，這種文字在日耳曼人中被普遍採用。近代發掘出的許多當時的器物上都刻有這種文字。直到日耳曼人滅西羅馬帝國後，這種文字才逐漸被拋棄，重新採用希臘字母和羅馬字母。

塔西佗時代，日耳曼人有二、三十個分支，影響後世最大的是哥特人和法蘭克人。

哥特人是生活在最東部的日耳曼部落，也是最好戰，最顯得生機勃勃的一個民族。他們占據了多瑙河流域和黑海沿岸。德涅斯特河將他們分為東哥特人和西哥特人。他們運用同一種語言，遵循類似的習俗。哥特人是日耳曼人中最愛遷徙的部落。四一〇年，他們劫掠了羅馬城。奧古斯丁為此寫下著名的《上帝之城》。哥特之名與中世紀密切相連，如哥特建築。哥特人為後世歐洲文明注入了新因素和活力。

法蘭克人與哥特人相比，不常遷徙，而具有穩定的文化。他們主要生活在萊茵河西部周圍地區。隨著羅馬的衰弱，他們逐漸占領高盧地區，並於四八六年建立了法蘭克王國。隨著法蘭克王國的擴張，它統治了包括今天德國、法國、義大利在內的廣大地區。八四三年，法蘭克王國一分為三：西法蘭克王國其後發展為法蘭西；中部王國發展為義大利；德意志則是由東法蘭克王國演變而來。

神話怎麼說？

對一個民族遠古歷史的了解，我們現在更多地憑藉考古學。確實，考古學為我們提供了硬梆梆的材料，這些材料是如

此真實和客觀，容不得我們指手劃腳，說三道四。不過，它確實多少摧毀了我們對遠古文明的浪漫遐想。我有時忍不住會想，啟迪和創造了這麼輝煌文明的先民，難道是我們通過寥寥幾件遺存的實物、冷冰冰的幾處遺址，就能了解嗎？他們的心靈呢？是不是有些忽略？我們能不能通過另外的途徑去了解？

日耳曼早期的歷史，通過考古工作者不懈的努力，我們可以知道一些大略情況。但這只是給我們提供了一堆零碎又片面的材料，要搞清日耳曼人生活的真實情景，我們不能單憑想像去連結，去補充。這樣一來，了解、研究日耳曼的神話和宗教就顯得非常重要。日耳曼人的神話和宗教材料非常豐富，對於我們現代人來說，它就像一座神祕的迷宮，要想不迷失方向，還得有嚮導才行。經過一些學者持續不懈的努力，雖然還不能說對早期日耳曼的歷史之謎已經完全破解，但他們卓有成效的工作使我們更多地了解了日耳曼人的心靈，感覺到他們的智慧和情感。

英國著名的人類學家弗雷澤的《金枝》一書是這方具有極大影響的著作。他通過對日耳曼神話的闡釋，廓清了滾滾濃霧，讓我們瞥見了日耳曼人的追求，懂得了他們對生命和宇宙的理解。

關於日耳曼神話和宗教，許多材料來自《埃達》。歷史上共有兩部《埃達》：成書於一○五○年左右的叫《前埃達》；《後埃達》又稱《散文埃達》，於一二三○年撰寫成書。

兩部《埃達》內容相似，都是對長遠流傳在民間之宗教神話的記錄。

古日耳曼人同古希臘人一樣，有著複雜的神譜。還有一點也很像希臘人，那就是他們以漫不經心的態度對待自己的神祇。但是，在風格和精神上，日耳曼神話與希臘神話之間具有

很大的差別。相較於北歐寒冷、陰鬱的夜晚，希臘神話就像明媚的陽光，奧林匹斯山上的諸神是生動活潑、充滿人性的，他們不時出現的可笑舉動反映了希臘人對生活的熱愛，對生命的樂觀態度。日耳曼人也許是體會了更多生活的艱辛，他們的神總是不斷地與強大的邪惡鬥爭，並且不管是日耳曼人還是神都清楚，這種鬥爭毫無勝利的希望。也許正因為如此，日耳曼人後來很快就基督教化了，因為基督教為人們提供了關於人類終將獲救的信仰。基督教所做的對未來幸福生活的許諾，深深感動了日耳曼人。

　　《埃達》記敘了日耳曼人的創世說：宇宙起初是個稱為尼

· 散文埃達

弗海姆的無底深淵，上方懸浮著霞霧。在這個世界中，唯一的生命跡象是一股泉水。最先降生的是一個叫伊米爾的巨人、他的母牛及許多無名霜女。母牛靠舔食冰中的食鹽為生。這種奇特的攝食法偶然間創造了第一個神。一天，當母牛正在舔一塊冰時，這個神的頭髮從冰中露出；第二天，整個頭都出來了；第三天，身軀全都顯露。這位剛出現的神不失時機地與一名霜女交合，生下三個兒子：奧丁、維利和威。這三個孩子成年後殺死了伊米爾，把他埋在一棵巨大的梣樹（即秦皮樹，也就是北歐神話中的宇宙樹）下。他們用伊米爾的身軀創造大地，用他的血造了海洋，用他的大腦造了雲彩，最後用他的眉毛造了一堵環繞大地的牆壁。這片大地即人類的家園。隨著太陽照射在這片新創的土地上，植物開始生長，花朵逐漸開發。埋葬伊米爾的巨大轉樹支撐著整個宇宙，但由於受到蜂蛇和黑暗的吞噬，有隨時傾倒，顛覆宇宙的危險。這棵樹的三條根分別象徵著精神、智慧和無知。

眾神在創造了物質宇宙之後，用一棵梣樹創造了第一個人——阿斯基，並用一棵榆樹為他創造了妻子埃姆布拉。眾神又賦予人生命、靈魂、理智和運動的能力。從此以後，人類的遠祖便開始獨立地在這個隨時都會傾覆的世界中，踏上吉凶難卜的旅程。

在我們的生活中，最常見的日耳曼神話遺產是每周七天的名稱。除了星期六取自羅馬神話中的農神（saturn）之名外，其餘都來自日耳曼神明，即太陽、月亮、提爾、奧丁、托爾和弗蕾爾。

金枝

　　日耳曼神話中最討人喜歡的神是巴爾德爾，主神奧丁之子，諸神中最聰明、最溫和、最受愛戴的神。《散文埃達》描述了他死亡的故事：有一天，巴爾德爾做了一個惡夢，好像預示著他即將死去。於是諸神開了一個會，決心保護巴爾德爾。巴爾德爾的母親弗麗嘉女神（她是一位精明、刻板的女神，職責是維護婚姻和家庭的尊嚴，卻在維持自己的婚姻上遇到極大的問題）讓火與水、鐵和一切金屬、土和石、樹木、疾病、毒藥、一切四隻腳的走獸、鳥雀和爬行的東西都發誓，要他們保證不殺害巴爾德爾。這樣一來，眾神都認為巴爾德爾已不可侵犯。他們把他圍在當中，有的用石頭砸他，有的用刀砍他，以此取樂。因為他們相信，任何東西都不能傷害巴爾德爾。有一個叫洛基的神，他是一個搗蛋鬼。他扮成一個老太婆，去見弗麗嘉。他問弗麗嘉：「是不是所有的東西都已立誓不傷害巴爾

· 埃達神話

德爾？」她回答：「在哈瓦拉東邊長了一棵樹，叫槲寄生，我看它太小，沒有讓它發誓。」於是洛基去把那棵槲寄生樹拔出來，拿到眾神大會上……一枝棚寄生擊中了巴爾德爾，把他刺了個穿心透，倒地而死。諸神一時啞口驚愕，接著放聲大哭。他們把巴爾德爾的屍體放到船上，加以火葬。他的妻子見了，十分哀痛，也死去了。諸神把她也放在火葬堆上，跟她的丈夫一起火化了。

在這個故事裡有兩點值得注意：第一是關於槲寄生，第二是神的死亡和焚化。弗蕾澤通過比較分析，認為槲寄生就是「金枝」，也就是橡樹枝。古雅利安人都有橡樹崇拜的習俗。據推測，古日耳曼人在來到歐洲幽暗、茂密的森林之前，趕著他們的羊群和牛群在俄羅斯大草原到處漫遊。他們肯定早就崇拜過轟雷閃電之神了。來到新家以後，他們很自然地把雷電燒焦的橡樹與天神聯繫起來。我們知道，橡樹最容易遭雷擊。為什麼橡樹枝叫金枝呢？因為這種樹枝折下來存放幾個月以後，就變成十足的金黃色。那鮮艷的金色光澤不僅出現在葉上，而是遍布枝莖，整根樹枝看起來確實像是金枝。

金枝在後代日耳曼人的生活中具有重要的象徵意味。首先，橡樹葉綠葉扶疏、枝葉茂密，它的勃勃生機讓人聯想到吉祥如意，甚至榮華富貴。其次，它代表神意，用它做成的手杖被稱為神杖。另外，它閃出火一樣耀眼、光輝的金黃色，暗示著它與黃金間的親密關係。由於雅利安人在節日都要燃燒篝火，這篝火通常都是用橡樹木柴引燃的。他們甚至有可能認為，太陽是從這裡吸取能量——火熱。

至今在不列顛威爾斯的一些地方，人們還相信：橡樹在仲夏節前夕開花，天亮前就凋謝。姑娘們若想知道自己的婚姻前途如何，便在夜間到橡樹底下鋪一塊白布。第二天早上，如果

白布上有一點灰燼，那就是橡樹上開過的、凋謝的花燼。姑娘拾起這點花燼放在自己枕下，未來的丈夫便會在她的夢中顯現。橡樹如此短促地花開花謝，大概也增加了橡樹的神性。

我們不應忘記的是，德意志民族主義三顏色紅、黑、金黃。金黃色的橡樹枝鑲嵌在衣服上，閃閃發光。

雅利安人的橡樹崇拜後來還影響了希臘·羅馬的神話傳說。羅馬詩人維吉爾在《埃涅阿斯記》中也提到金枝：埃涅阿斯在特洛伊失陷後，背著父親，領著兒子，奔走異鄉。途中父親死去，他繼續顛沛流離。後來根據一位女神的指示，折取了一節樹枝，借助它，前往冥界尋找父親的靈魂，向他詢問自己未來的命運。這樹枝就叫「金枝」。

· 埃涅阿斯記

「金枝」在古日耳曼人的生活中扮演著重要的角色，它既是一種禁忌，也寄托了他們的希望。

巴爾德爾之死的故事中第二個值得注意的是神的死亡和焚化。這種儀式是歐洲籌火節的來源。從遠古時候起，整個歐洲都有一種風俗：一年中的某幾天，人們點起籌火，圍著火不停地跳舞。這種籌火節在基督教傳播之前很久就有了，後來基督教曾加以禁止，並指責它是一種異教儀式。最常見的籌火節是在春天和夏天舉行。

關於籌火節的涵義，曾有兩種不同的說法。一些人認為，這是出於對太陽的崇拜，籌火節乃是一種巫術手段，目的在於保佑人類和萬物、大地和莊稼能夠享有太陽的光和熱。這就是「太陽說」。另一些人則認為，這種儀式的涵義並不是建設性的，而是防範性的，這「火」原來是淨火，它會燒掉一切危害生存的物質和精神的不潔之物。這就是「淨化說」。我們也許永遠搞不清巴爾德爾的火化到底具有什麼涵義，但它與後來的籌火節有著確鑿的聯繫是毫無疑問的——雖然我們今天舉行的籌火晚會已經不再是一種儀式了。

地理說明了什麼？

當代最有影響力的歷史學家布羅代爾提倡對歷史做整體研究。他把歷史時間分為地理時間、社會時間和個體時間，並進一步把它們概括為長時段、中時段和短時段。與三個時段相應，他稱之為歷史的結構、局勢和事件。「結構」是指長期不變或變化緩慢，但在歷史上經常起深刻作用的一些因素，如地理、氣候、生態環境。「局勢」是指在較短時間（十、二十、

五十以至一百年）內起伏興衰，形成周期和節奏的一些對歷史起重要作用的現象，如人口消長、生產增減等。「事件」是指一些突發的事變，如革命、條約、地震等。

布羅代爾認為，這些「事件」只是閃光的塵埃，轉瞬即逝，對整個歷史進程只起微小的作用。很顯然，布羅代爾對地理環境因素是非常強調的，他甚至認為一個國家的特性只能從歷史「結構」中去尋找，地理、環境、人口等變化緩慢的因素對國家特性的逐步形成起著根本的作用。的確，人的活動受客觀條件的限制，與其說是人創造歷史，不如說是歷史創造人。這種情況在古代尤為突出，在現代也多少如此。

鐵血宰相俾斯麥就有一句名言：「外交政策的唯一常數就是地理位置。」任何國家的地理位置都是與生俱來的。然而，這個「先天因素」卻往往構成國際關係學中的所謂地緣政治因素，在一國對外政策的構想和實施中起著舉足輕重的作用。

一九九〇年，德國重新統一了。一八七一年和一九九〇年的兩次統一都震動了世界，對歐洲的影響更是自不待言。這一次重新統一之後，德國擁有了卅五·七萬平方公里的領土，近八千萬人口，成為歐洲大陸僅次於俄羅斯的泱泱大國。在周圍，統一後的德國共與十個國家接壤，是歐洲擁有毗鄰國最多的國家。

這樣的地理環境，使統一後的德國在地緣政治中處於極其微妙的處境。由於蘇聯、東歐集團的瓦解，統一後的德國成為歐洲最強大的國家。這麼一個地處諸國包圍中的國家，猶如一個身材魁偉者站在一群侏儒之中，顯得鶴立雞群，同時使周圍的國家微微感到一些恐懼。聯繫上它在本世紀前半段的所作所為，於是情況就更不容樂觀。

還在兩德正式統一前，一九九〇年七月十二日，英國貿易和工業大臣尼克拉斯‧里得利就聲稱：「歐洲統一是德國用來接管整個歐洲的一枚火箭，把主權交給歐洲聯盟，無異於把主權交給當年的希特勒。」事隔兩年不到，與德國相距遙遠的土耳其總統也把統一後的德國與當年的法西斯聯繫起來：「德國在統一以後變了很多，看來它想干預一切事……過去希特勒的德國就是這麼幹的。」

　　統一後的德國就這樣命中注定似的只能在這些「偏見」中生活。前總理柯爾就曾經感慨地說：「我國的地理位置頗為不利。我們最強大、最勤奮，但也最不受我們的鄰居歡迎。我們就得這麼活下去。」他又說，對於其他國家對德國的恐懼和不信任，德國人不應加以指責。「因為這就像天氣一樣，人們無法對它施加影響……只有一種辦法，那就是德國的統一與歐洲的統一必須齊頭並進。如果我們只滿足於德國統一而不努力去促進歐洲統一，我們就違背了歷史賦予我們的重託。」

　　其實，人們也許並不擔心法西斯主義的復活，因為德國人的反應和懺悔是真誠的。雖然不斷有一些光頭學生模仿納粹，但已經沒有了與之相適應的社會基礎，成不了什麼氣候，只是讓自己成為過街老鼠，招致一片打罵聲。人們擔心的恐怕是德國的經濟。德國的經濟規模在歐洲首屈一指。聰明又博學的德國人自然記得而且理解十七世紀法國外交家秀利提出的理論：國家強盛有其限度，超過這個限度，這個國家就會導致敵人和妒忌者組成的聯合力量的反對。

文化邊界

隨著拿破崙對德國的入侵，德國出現了對萊茵河的浪漫主義崇拜。萊茵河被法軍占領之後，很快就成為德意志精神的寄託，文學藝術讚美的對象，圍繞著萊茵河，產生了德意志偉大的抒情詩篇，寄託了人們強烈的愛國主義情緒。仔細翻閱德國文學藝術的發展史，我們會發現，在這之前，德國文學很少注意萊茵河。但是，萊茵河、多瑙河邊界的確是歐洲一條標準的文化邊界。由於德國人一直就有一種大國夢，他們當然不會把萊茵河、多瑙河作為他們的政治邊界。

法國大革命之後，才有人聲稱萊茵河是德意志的正當邊界。格萊斯就曾經這樣宣稱。當拿破崙日薄西山時，他又說：「我們祖先從未承認萊茵河是德意志的邊界。」一八一三年萊比錫戰役之後，阿恩特寫下《萊茵，德意志的河流，但不是德意志的邊界》。德意志的邊界在哪裡呢？他說：「哪裡有人說德語，哪裡就是德意志。」把文化和政治扯到一起，又迷迷糊糊地做起大一統帝國夢來。

語言是文化的一部分，也可以說是它的核心。文化有文化的邊界，政治有政治的邊界，經濟有經濟的邊界。這三者當然有聯繫，一個民族國家形成後，就會發展它的民族經濟、民族文化。文化、經濟、政治各有自己的空間，它們既有相同之處，也有不同之處，文化地圖、政治地圖與經濟地圖並不會簡單地相互重疊。最基本的道理；可以說文化起源於一段很長的時間。經濟形態前後更換，司空見慣；政治制度代有興亡，如走馬燈；文化也有變化，卻穩定得多，它經常我行我素，走自己的路。古羅馬帝國於公元五世紀就崩潰了，但羅馬教會延續至今。文化就像個老人，一位備受尊敬的長者。

萊茵河和多瑙河作為一條標準的文化邊界，如果它的一面可稱為基督教的歐洲，那麼它的另一面就是基督教的邊緣區。宗教改革發生時，基本上沿著這條界線發生斷裂，基督教在這斷層沿線一分為二：一邊為新教，另一邊為天主教。

　　這條線顯然也是羅馬帝國原來的邊界。說它是一條文化邊界，並不是要證明其界內和界外是截然分開的兩個世界，它們當然會相互交流。宗教、繪畫、建築等等的擴張，本身就足以證明，歐洲文化在很大程度上是一體的，並且這種一體化的趨勢越到後來越明顯，如各種具體而微的凡爾賽宮幾乎遍布歐洲各地。承認文化上的一體是歐洲文化的主要方面，但也不要否認各種文化邊界的存在。很多德國作家都恰當地指出了這一點。

　　在理解德國文化時，認識到文化、政治、經濟的地理分布之差異具有重要意義。它們各有中心，這是毋庸置疑的。十三～十五世紀，威尼斯和熱那亞是當時地中海上屈指可數的商埠，但佛羅倫斯領風氣之先，發動了文藝復興。十八世紀，倫敦成為歐洲政治經濟中心，在文化方面同樣未執牛耳。法國並沒有像英國一樣成為日不落帝國，但人們承認法國具有精神、藝術和時裝的優勢，這一點便足以安慰抬不起頭的法國人。直到現在，它仍是文學、繪畫、時裝的中心，誰也別想擋住它那優雅浪漫的巨大潮流。有了這些鋪墊，我們也就不會對德國十八、十九世紀文化上取得的成就大驚小怪，雖然它當時的經濟、政治發展遠遠落在歐洲各國之後。

Chapter 2
離開沙龍的文和藝

離開沙龍的文和藝

　　法國的文藝得益於「沙龍」這個十七世紀的偉大創造物。甚至莊嚴神聖的「法蘭西學院」也是受到沙龍的啟發而成立的。沙龍是志趣相投者的聚會，是一種重要的社交形式。歷史上有各種沙龍，如政治沙龍、哲學沙龍，最多的是文藝沙龍。在現代之前，它通常以一個附庸風雅的貴族為中心，定期聚會，主人饗來者以美酒、點心，藝術家則獻上如珠妙語，或朗誦自己得意的作品。

　　德國的文藝沙龍不多，至少不如法國來得有名。這大概有兩方面的原因：首先是德國的王公貴族不懂斯文，顯得粗糙。這種現象極為普遍，較為典型的例子很多，簡直是隨處可見。例如，一八四二年，亞歷山大‧封‧洪堡曾摘引漢諾威國王的一段話，足以反映出，在德國文化發展的過程中，德國的王公貴族水平是多麼低下。洪堡摘引的是：昨天國王在進餐時又一次對四十多位來賓說：「教授、妓女、舞女，只要有錢，到處都可以買到。只要給他們幾個錢，他們就會隨你到任何地方。」我們知道，德國文學從來沒有經歷過通常所謂的黃金時代，亦即由國家元首鼓勵文藝進步的時代。席勒在《德國的詩神》中說：「我們看見詩歌遭到祖國最偉大的兒子——腓特烈的鄙夷，看見它遠離那不願保護它的強大無比的王位。然而，它敢於自稱是德國的詩歌；然而，它為自己創立的榮譽感到驕傲。日耳曼英雄詩人的歌聲在山巔迴蕩，像奔泉一樣湧向山谷。獨立的詩人只承認靈魂的感受為法則，只承認自己的才華是權威。」席勒的話強調了詩歌本身的尊嚴，這是極其正確的。他同時揭發了這樣一個事實：德國的詩歌得不到王公貴族的庇護。

再來大概是德國的貴族比較吝嗇，或者由於他們忙於物質享受，所以精神享受，附庸風雅的事不得不往後挪。因為德國的經濟長期落後，結果是德國貴族比不上法國的闊。十八世紀，德國音樂家大放異彩的沙龍還是存在的，只不過那都是些貴族之間的聚會，嚴格地說，不能稱為沙龍，只能說是聚餐、舞會。這種特別的沙龍有一個好處，就是肥水不外流。如果一些窮藝術家有時也得到邀請，那只是給他們的聚會助興罷了。這種時候，藝術家算不上是真正的客人，吃飯時只能與僕人同桌。藝術家咽不下這口鳥氣，結果是無緣享用貴婦人招待的美酒佳肴，只有飢寒交迫了。歷史給我們留下了很多這一類的記載，如天才莫札特就因經常與僕人同席，不堪忍受。只有貝多芬好一點，因為他具有真正的霸氣，所以他經常奮起反抗。

　　在法國，藝術家經常參加各種沙龍。巴黎的沙龍聞名遐邇。甚至主辦一些沙龍的貴族有時不僅是附庸風雅，而是確實很有些風雅。凱瑟琳的沙龍是我們所知法國最早的沙龍。凱瑟琳是一位侯爵夫人，因為不滿宮廷社會的庸俗，在離盧浮宮不遠的家裡，有選擇地招待一些藝術家和知識分子。這些著名的招待會就在凱瑟琳的臥室舉行。凱瑟琳坐在床上，客人有的坐在椅子上，有的站在床邊。床邊的空地法語中稱作 ruellies，因此，這個詞便成為沙龍的同義詞。現代最著名的要算施泰因夫人的沙龍，它在現代文學藝術界盡人皆知，（一）是因為她本身有傑出的才華，（二）是因為參加她的沙龍之人更是個個了不得，最傑出的有海明威和畢加索。斯太爾夫人在她的名著《德國的文學與藝術》中說：「法國人較之德國人遠為重視文風。這是重視言語的必然結果，也是言語在一個以社交為主的國家受到優待的必然結果。」法國的文藝風格是優雅和清晰，與德國文藝相比，它顯得幽默又俏皮。這些特徵是在社交的相

互砥礪中形成的。

　　在德國，大家幾乎是孤獨地生活著。像康德，就幾乎沒有什麼社交生活。在這種情況下，很少出現流行的時尚和趣味。他們一切都是獨立自主的，都是富於個性的；他們甚至於忽略別人的評判和嘲笑。在僻靜的隱居之地，他們的思想也顯得單調而淒涼。孤寂的人由於缺乏外部運動，便需要內心的激情來代替這種運動。在法國，清晰被認為是作家的首要長處之一。法國人上午閱讀的時候，要緊的是不能有詰屈聱牙之感，要能抓住那些在晚上談話時足以自我炫耀的東西。但德國人很少顧及清晰。他們認為，清晰只能是一種相對的好處，並無絕對的價值，它至少要受到題材和讀者的限制。康德不可能像伏爾泰那樣易於理解，但就他所思考的問題所能達到的程度而言，康德也是頗為清晰的。毫無疑問，一旦涉足深邃的領域，就必須借助於火光的照耀，就如遙遠的星球，我們必須有望遠鏡才能進行科學觀察；微小的粒子，我們就要用顯微鏡才行，否則便不能一目了然。沒有這些憑藉，那就只有煉就孫悟空的火眼金睛。那些思想平庸，情感蒼白的人當然更有把握為他人所理解—— 他們並不接觸任何奧祕，怎能使自己幽暗晦澀呢?!不過，德國人走得更遠。他們也許覺得晦暗是一種美，有時甚至把本來在光天化日下的東西重新送進黑夜。也許是他們太痛恨平庸的見解了，即使他們不得不重覆這種見解，他們總要鍍上抽象的哲理色彩，使人誤以為它是什麼新思想。的確，這種時候並不多，德國人經常是由於思想太強健，情感太複雜，才氣太多，才經常讓人讀不懂。

　　法國人很重視文章的優雅風格，因為表達方式比思想本身遠適於風趣的對話。凡是涉及用詞的場合，人們總是不假思索就發噱。當然，文風之美並非全是外在的優點；真實的感情幾

乎總是啟迪出最高尚、最正確的表達方式。甚至我們發現，即使是一種做作的形式，有時也具有令人欣賞和羨慕的價值。比如表演空中飛人的演員，雖然飛不遠，但在完成這種困難的動作中顯出的功夫和靈活，便足以證明他表演的價值。德國人的文風卻是沉悶而冗長的。康德的著作，很多人都不能竟讀，除了由於其中深奧的思想，他的沉悶的文風也要負些責任。雖然哲學著作的文風我們可以寬容些，但對於文學作品，卻不應如此。因為在藝術方面，形式同主題本身一樣，都是從屬於靈魂的？

　　西方有句諺語：「鷺鷥不會在盤裡用餐，狐狸無法在瓶中就食。」離開了沙龍的德國文藝是禍，還是福呢！

不要用鑰匙劈柴

　　〈拉奧孔〉自從十六世紀初被發現後，很快就獲得了很大的名聲，人們普遍認為它是古典雕刻藝術最著名的作品之一。這座雕像畫的是兩條蟒蛇襲擊拉奧孔和他的兩個兒子的故事。充滿陽剛之氣的人體和十分恐怖的場面，正好符合巴洛克藝術的趣味，雕塑似乎的確表現了這兩方面，所以，在十六和十七世紀，拉奧孔幾乎與美女維納斯獲得了同樣的青睞。

　　後來，文克爾曼提出了自己的解釋。他認為，〈拉奧孔〉證實了他對於希臘藝術的概括：「高貴的單純和靜穆的偉大。」他在《論希臘繪畫和雕刻作品的摹仿》中，用他那優美的筆調說道：拉奧孔顯示了「經受種種激情打擊下的一顆偉大而沉靜的靈魂……這種苦痛，不論在面部或是全身的姿勢上，都沒有流露出任何劇烈的痛感……不像維吉爾所歌頌的拉奧

孔，他沒有嚎咷慘叫。張口哀號在這裡是不允許的……拉奧孔承受著苦痛，但他像索福克勒斯筆下的菲羅克式式斯那樣承受苦難。」

萊辛接受文克爾曼對拉奧孔雕像的描述，但反對他拿拉奧孔跟菲羅克或成斯做比較，也不同意他對希臘藝術的概括。菲羅克戒武斯的確悲嘆、詛咒，而且怒號，荷馬筆下的維納斯擦破點皮也要尖叫，所以萊辛認為：雕刻中拉奧孔沒有慘叫、哀號，決不是要表現他心靈的偉大，而是因為雕刻必須表現美，而吼叫會使面容歪曲到令人害怕的程度。

萊辛在《拉奧孔，或論畫與詩的界限》中，詳細地分析了繪畫或造型藝術和詩歌或文學藝術之間的區別。

詩和畫號稱「姊妹藝術」，在中西方很早就有這樣的認識。後來，人們進一步認為它們不但是姊妹，而且是雙胞胎。古羅馬詩人賀拉斯的名句「詩如畫」，在西方人的文藝理論中被任意寬泛地解釋，成為藝術進行比較的金科玉律，彷彿它是西方文、藝比較的奠基石。在萊辛看來，其實它是一塊需要掃除的絆腳石，因為詩、畫各有各的面貌、衣飾，是「絕不爭風吃醋的姊妹。」

萊辛認為，繪畫適於表現物體或形態，而詩歌宜於表現動作或情事。他不僅區別了「事」、「情」和「物」、「形」，他還進一步把兩者和時間、空間結合。他在《拉奧孔》一書中說道：「只要這些存在物是物體，或者被視作物體，詩就只能指示性地憑藉動作描繪。繪畫則只能運用動作的某個瞬間，所以必須選擇最有孕育力的那一瞬間。」

萊辛所做的這種區別意義重大。對於繪畫，它意味著譴責寓言畫和大部分歷史畫，而歷史畫在當時被認為品次最高。萊辛認為，它是畫家對詩人範疇的侵犯。他提出的「最有孕育力

的瞬間」是一個非常重要的成果。萊辛認為，畫家應當挑選全部「動作」裡最耐人尋味和想像的那個片刻，千萬別畫故事「頂點」的情景。一達頂點，情事就演展到了盡頭，不能再生發了。所選的那一刻，彷彿婦女「懷孕」，它包含從前，又蘊蓄著以後。在文學方面，萊辛所做的區別會引起對列舉式描繪的指責，而且實質上是對當時十分風行的描繪詩的指責。

荷馬在描寫海倫的美時是這樣刻畫的：海倫出現在特洛伊城元老會議的會場時，元老們互相私語道：「誰也怨不得特洛伊人和亞該亞人為了這樣一個女人如此長久地遭受苦難。」荷馬根本就沒有去描繪她的頭髮、眉毛、牙齒等等。

普魯塔克在他的〈論迷信〉一文中說：「一個人要是試圖用鑰匙劈柴，用斧頭去開門，他就不僅糟蹋了這兩樣工具，而且也喪失了運用這兩樣工具的能力。」

愚人頌

愚人受到頌揚，從我們現在看來，大致在兩種情況下是可理解的：一是有些人「大智若愚」。這種愚人實際上是大聰明人，他們的愚鈍只是表面的，這種「愚」大體上像我們平常所說的「痴」。其實他們與一般人相比是明白人，更因為他們的聰明超過一般人，所以他們的聰明就不易為一般人所理解，在外人看起來反而近於愚了。與此相聯繫的第二種情況是有些人「大愚若智」，就如平常人們批評上海人精明而不聰明。其實，「精明」和「聰明」還是有不少相同的東西。嚴格一點說來，應該是精明但不夠聰明，或者說只有小聰明。但由於這種小聰明特別誤事，顯著的缺點是自以為是，對事對人缺乏一種

謙虛恭謹的態度，於是人們對這樣的人特別反感，與之相對的糊塗人倒給人不少好感。你看大街上鄭板橋「難得糊塗」的牌子到處都是，就是這方面的證明。這樣的愚人坐收漁利，也很容易得到本不屬於他的頌揚。

歷史上還真有人寫了一本《愚人頌》，他就是伊拉斯謨斯，德國（較正確的說法應是荷蘭人）傑出的人文主義者。前面我們提到荷爾拜因曾為他畫過像。這幅畫像給人印象深刻：人物堅定而安詳，彷彿我們中國人所說的「望之儼然、即之也溫」的那種類型。

在歐洲，義大利最先揭開文藝復興運動的序幕。相比之下，北方各國開始得較晚，並且不久之後，文藝復興與宗教改革混纏在一起。雖然德國的宗教改革也可看成文藝復興的一部分，但自此以後，人們過多地捲入神學論爭的漩渦，無暇顧及其它。宗教改革前的一段時間是德國人文主義者非常活躍的時候，各種新知識、新學問生氣勃勃地四處傳播。這場北方的文藝復興也許不如義大利先驅那麼光輝燦爛，卻顯得更為踏實有效。它不混亂無士，也不超脫道德意味；相反，它與虔誠及公德分不開。伊拉斯謨斯可算是北方文藝復興的典型代表。在路德之前，他是思想界的領袖。

伊拉斯謨斯的《愚人頌》充滿幽默、詼諧。他把這本書題獻給英國偉大的人文主義者──湯瑪斯‧莫爾，還戲謔地指出，由於莫爾（Moros）作「愚人」解，所以獻給他是合適的。書中的愚人是為極聰明的女子，她自誇自讚、興致勃勃，她的詞句，加上荷爾拜因的插圖，更是互相輝映。

愚人的自白顯得輕鬆自在，謔而不虐，涉及日常生活的各個方面。例如，在談到結婚這種人生大事時，她說：要是沒有她，人類就要滅絕。因為哪個人不愚而能結婚？當作智慧的解

毒劑，她勸人「娶妻——這種動物極愚憨無害，然而極便利有用，可以柔化、緩和男人僵硬與陰鬱的心情。」談到幸福，她說：離了阿諛或免除自私心，誰會幸福？然而，這樣的幸福是愚蠢的。最幸福的人就是那些近乎動物，委棄理性的人。最高的幸福是建立在幻想上的幸福，因為它的代價最低——想像自己為王比實際成王容易。

當然，書中不都是這樣嘻笑、嘲諷，否則雖然有趣，還是會覺得缺少些什麼，也配不上作者所享有的全歐交相稱譽的人文主義者之名。書中分量最重的是愚人對宗教的態度，這時嘻笑轉為怒罵。雖說嘻笑怒罵皆成文章，但其實只有怒罵的部分才吐露了伊拉斯謨斯的鄭重意見。

愚人說：赦罪符和免罪券是祭司用來「計算每個靈魂在煉獄中居留的時間」；那些修道院的修士是「精神錯亂的蠢物」，他們「深深地愛戀自己，是個人幸福的痴賞家」，他們的全部信仰都在於瑣屑的禮儀小節，「縛涼鞋要打多少結；各式服裝要用什麼衣料；腰帶要多寬、多長」等等。「聽他們在末日審判前的辯解必是妙不可言：一個誇張他如何只以魚為食，淨滅了他的肉慾……又一個極力說他六十年當中連碰也沒碰過一文錢，隔著厚厚的手套去摸觸者不算。」可是，基督會接口說：「你們這些文士和法利賽人有禍了……我只留給你們彼此相愛這一條教訓，這教訓我沒聽哪個聲辯說他已經忠實履行了。」她猛烈地訕笑那些神學家、主教，甚至沒有饒過教皇。

書的結尾鄭重提出：真信仰乃是一種愚痴。這種愚痴受到真心的頌揚，因為它是從基督徒淳樸性格中自然流露出來的。這種頌揚是對當時經院哲學的一種反動，而且它尚有更深刻的一面——它還表明，真的宗教信仰不出於知而發於情。精心錘

煉的神學不過是一些智力遊戲，與信仰無關。這種觀點在後來的新教徒中十分普遍。

馬丁·路德在宗教改革中強調「因信獲義」，強調教徒直接面對上帝，就像男女之間戀愛不需要第三者插足一樣。這在本質上反映了北方的重情主義與古希臘的尚知主義之間的矛盾。

一元還是多元？

世界上有許多東西讓人看不懂。比如作為世界第一運動的足球，如果你按規則把球桶入球門算是得一分，要是打歪一點點，碰到球門柱，卻半分也得不到。有人說，這是規則，一種遊戲總需要規則。這樣說當然不錯，但我還是深深地為打到球門柱者惋惜。足球只是一種運動，我們甚至可以把它看成是一種遊戲，它的規則是否合理，我們不必深究。但有些事關係重大，使我們不敢有絲毫輕忽。然而，它們有時也會像足球賽一樣，只有一道很窄的門。可怕的是你絕不能打歪，否則可就麻煩了。民族主義、愛國主義就是這樣，它們常常受到讚美，這是當之無愧的。但是，民族沙文主義讓人深惡痛絕，它已經給人類帶來了無數巨大的災難。那麼，我們應該如何既珍惜民族主義、愛國主義這樣的情感，又徹底摒棄民族沙文主義呢？如果這是遊戲，那麼遊戲的規則在哪裡？美好的東西，向前邁出一步，怎麼就出錯了呢？事情還有另一面。很多人習慣於這樣推理：既然民族沙文主義為非做歹，那民族主義肯定也是要不得的東西。於是很有些人冤哉枉矣。如赫德爾，他往往被認為是德國民族主義的開山祖師。的確，他曾為德國民族精神的覺

醒奔走呼號，在他的影響和推動下，德國知識分子逐漸從世界主義轉到民族主義，從以世界公民自居，轉到對民族國家的追求。然而，他的民族主義確是心智健全的民族主義，它純粹是文化上的。更重要的是，赫德爾有力地抨擊了民族沙文主義。請看他是如何說的。他說：「在一切形式的自豪感中，我認為民族自豪感是最愚蠢的。讓我們儘量為民族增添光榮，讓我們在民族成為非正義行為的犧牲品時保衛它。但是，由於職業原因而歌頌它──我認為這是一種不會產生任何實際影響的自我吹捧形式。」他還說：「至尊的上帝在歐洲的特選子民德意志人認為，由於他們生而具有的能力，世界是屬於他們的，而其他民族，因他們這種卓越的地位，注定要服從他們。這是野蠻人卑劣的傲慢自大的表現。」他接著說：「蘇里曼（土耳其蘇丹）把自己的帝國看成是一個充滿各種鮮花的花園，到處是各種水果的果園。人類也一樣，是一個含有各種特性的人和各種民族、宗教的家庭。」

我們可以看出赫德爾在抨擊民族沙文主義的同時，表現出一種民族文化的多元主義，他強調了各民族文化的多樣性、獨特性。他的這一思想至今未曾得到應有的榮譽。首先發現赫德爾這一思想的是現代自由主義的代表人物艾賽亞・柏林。柏林這位現代英國最偉大的思想家，他的自由主義思想是各種形式的自由主義中最值得辯護的，對今天的思想界產生著越來越深刻的影響。儘管他本人十分謙虛，他常常表示當世學界過高估計了他，說他自己從未想到過青史留名的問題，而是更多地像一個計程車司機，哪裡叫喚就去哪裡。他寫過一本《維柯與赫德爾》的書，其中提到，西方啟蒙和現代性的主流思潮具有不可救藥的價值一元論和文化一元論的訴求，而維柯和赫德爾的重要性就在於他們在西方思想史上第一次打破了一元論的統

治，高倡價值多元論和文化多元論。不幸的是，他們的洞見從未得到應有的重視，占據西方現代思想主流的仍然是價值一元論和文化一元論。

柏林指出，赫德爾的民族文化論極大地激發了德國一代文化人奮起創造「自家獨有」的德國文化，使德國從原先歐洲最落後的文化沙漠一躍而執歐洲文化的牛耳。但柏林遺憾地指出，赫德爾在十八世紀對差異性和多樣性的積極闡發，卻在十九世紀被西方最新形式的價值文化一元論所取代。這種一元論就是所謂的「歷史發展階段論」，也就是說，各民族之間的文化差異是由於歷史發展階段的不同所決定的。這就在實質上否定了文化和文明的多元性和多樣性。

後來黑格爾宣稱，文明的統一性表現為從「初級階段的中國文明到最高階段的歐洲文明」的歷史發展。馬克思繼之將它改進成一種更精緻的形式，提出所有民族都是從原始社會發展到共產主義社會。這種一元論的歷史文化觀又由於自然科學的發展，得到了強化，以至於社會學的鼻祖孔德說出了一句名言：「既然我們在數學上不允許兩個正確答案，為什麼在道德、政治上就應該允許？」

柏林一生的全部努力就是致力於把維柯和赫德爾提出的價值多元論和文化多元論提升到自由主義基礎半核心的高度。他在一次接受採訪中被問及：冷戰後，隨著全球一體化的進程，會不會出現一個「人類普世文化」？他挖苦地回答：「果真如此，就意味著文化的死亡。我高興的是我已經快死了，不會看到那一天。」

赫德爾強調了不同的民族文化的差異性和多樣性，認為每一個民族的文化都有它自己的重心。他最重要的見解是：不同的民族文化之間固然有很多共性，但各民族文化還有各自的獨

特價值，它首先在於「自家獨有而別人沒有」的文化創造。隨著經濟世界化的發展，各國經濟越來越相互依賴，部分受到整體左右，任何部分出現的動盪和變化也會影響到整體。各種全球化問題的出現，如生態環境、人口控制，使各國人民都踏上同一條船，社會、政治、文化都不可避免地出現全球化的趨勢。在這種形勢下，理解和堅持赫德爾的上述見解具有重要意義。我們當然不反對文化之間的交流和批評。因為，一方面，每一種文化都有它的獨特價值；另一方面，每一種文化都不是盡善盡美。通過互相學習和交流，不是要創造一種文化，而是使各種文化不斷完善。

神通廣大的童話

　　如果誰要我們舉出世界上最著名的兩部童話，我想大多數人都會選擇《格林童話》和《安徒生童話》。這兩部童話都出自北歐，裡面有許多相似之處。如果其中一個故事頑皮地跑到另一本書裡，跟我們捉起迷藏來，我們大概很難辨認出來。童話是兒童的世界，但是，好的童話，大人也會喜歡。小時候，因為我們那裡太偏僻，《格林童話》裡的小伙伴怕辛苦，沒去我們那裡。直到我上了大學，我們才有機會見面，卻真是一見如故。但是，童話畢竟是更適合於小孩閱讀，因為它需要一種叫童趣的東西，對於大人來說，知識可能增加了，能力也提高了，童趣卻是減少了，所以，我仍為小時候沒有讀過《格林童話》而深深地感到遺憾。

　　然而，格林兄弟搜集民間童話的動機卻彷彿並不是為小朋友留下一些動人的故事。醉翁之意不在酒，在於山水之間也。

· 格林兄弟與格林童話

要搞清這「山水」的情況，還真不容易。我們必須對當時的語言和歷史研究情況有一點了解才行。我們知道，格林兄弟是德國淵博的語言學家。在他們那時代，語言的研究正取得突破，人們漸漸認識到，語言不僅是一種有用的交際工具，而且是一個民族最深刻的感情和傳統的倉庫。語言不僅是表達思想及感情的工具，而且是把單個的人結合在一起的偉大聯結物。一個人可以懂幾種甚至幾十種語言，但只有一種是真正屬於自己的語言。在格林的時代，民族統一比什麼都迫切，人們加強了對民族語言的研究。那時候產生了許多語言學家，我們今天稱之為「浪漫主義的語言學家」。他們的分析，深刻地揭示了語言某方面的特性，深深地啟發了索緒爾以來的現代語言哲學。然而，他們的動機並非是純科學的。那時候流傳著一句倒楣的名言：「多少語言，多少民族。」從中可以看出對語言的研究走了多遠。

格林兄弟深信童話這種在家中一代一代流傳下來的故事，千百年來，其語言沒有多大的變更；他們同時相信，如果把這些傳說中的故事深入細緻地整理出來，還可以找尋出日耳曼民族祖先的生活情況，以及古代社會的風俗習慣和文物制度，從而有助於歷史研究。我們知道，德意志浪漫主義者不僅重視對語言的研究，也重視對歷史的研究。他們對歷史哲學有新的認識。他們聲稱：歷史學家的目的不再是研究歷史教訓，而是研究起源、聯繫和發展。他們擺脫了歷史學的實用主義方法，猛烈抨擊啟蒙運動，認為它是「奇特而非歷史的」。浪漫主義特別重視中世紀的研究，其中有著宗教上的原因。德意志浪漫主義者也像我們現在一樣，把人心不古，世風日下經常掛在嘴邊。他們認為，與中世紀相比，其同代人的精神生活出現了可怕的衰退，原因是背離了宗教。歷史跨越中世紀，經過文藝復興和人文主義運動，其意義是十分重大的。但歷史的發展是連續的，現在和過去聯繫起來的鏈條不應切斷。某些啟蒙學者完全否認和忽視中世紀的作法是不符合歷史事實的。在某種意義上，可以說，浪漫主義是對啟蒙運動的一種矯正。

　　雅各爾‧格林曾經說過：「我們跨進古代荒野的森林，聽著人民尊貴的語言，注視著他們純潔的風俗，還認識了他們的理智和信仰。」雖然整理和研究民間童話並不是從格林兄弟開始的，在他們之前有貝洛爾、杜洛夫人、波蒙夫人等，與他們同時代的有豪夫、大仲馬、霍桑等等，可以說各國都不乏其人，可是，就工作的卓有成效、目標的宏偉而言，沒有人超過他們。格林兄弟編著《格林童話》可謂野心勃勃。在叢書的序言中，他們寫道：「我們不只是要因為我們的搜集能在文學史上建立功勛，同時還要求使這裡頭有生氣的文學本身發揮力量，而且能使愛讀這書的人喜歡，所以也要求它自身成為一本

教育性的書。」

　　《格林童話》不僅故事感人，語言也十分優美。特別是弟弟威廉文筆漂亮，可以說是敘事的天才。就德國的總體而言，在格林兄弟所處的時代，散文並不十分受到重視。斯太爾夫人在她的名著《德國的文學與藝術》中十分中肯地指出：「德國人的散文常常寫得漫不經心。」可以說，格林兄弟的童話既表現了民間文學自然樸實的一面，又顯得精緻雋永，表現出極高的藝術氛圍。

　　《格林童話》產生了廣泛而良好的影響。在德國，它是小學生的教材；在國外，它是小朋友最好的讀物。

浮士德這面鏡子

　　如果有人想只讀一本書就盡可能多地了解德國人，那他就應該毫不猶豫地選擇歌德的《浮士德》。它肯定比讀一部德國通史更有用。它可以使你拋開一些知識的細節、歷史的枝蔓，直接觸及核心，從精神上、本質上把握住德國人。《浮士德》是一面鏡子，有時還像 X 光射線，透視出表面上看不見的內在東西。

　　我們多半熟悉梅菲斯特與浮士德訂約打賭的事。梅菲斯特跟浮士德約定，做他的僕人，條件是在來世，如果浮士德靈魂得不到拯救，進不了天堂，浮士德也要同樣替他服務。在浮士德這方面，他認為世間的一切事物都不會使他滿足，因此，他對惡魔梅菲斯特說：「有一天若是我悠然躺在睡椅上面，那時我就立刻完蛋！你能用甘言哄騙住我，使我感到怡然自得，你能用享樂迷惑住我，那就算是我的末日！」「如果我對某一瞬

間說：停一停吧，你真美麗！那時就給我套上伽鎖，那時我也情願毀滅！」

　　浮士德為什麼要跟惡魔打賭呢？這要從頭說起。詩中的浮士德是一個年過半百，博學多識的人，但他並不因此感到滿足。因為書本上抽象的思索無法滿足浮士德的創造精神，他希望進入一種「能動的現實世界」。他把《約翰福音》的首句「太初有道」翻譯成「太初有為」。他讚美那種具有生命力，自強不息的東西，那種自然的生命之躍動常常使他激動不已。在這種情況下，他想求教於魔術，用魔術召喚惡魔，目的是「想通過精靈有力的口舌」，「了解許多祕密」，使他能「認識到是什麼將萬物囊括於它最深的內核」。浮士德並非一個超

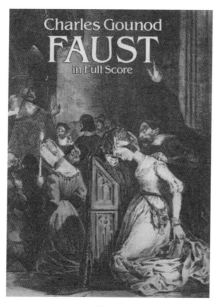

・浮士德

人，他一方面迷戀於現實的享樂，另一方面又想翱翔到超現實的理想世界，這種矛盾的心情導使他陷入苦悶之淵，同時給了惡魔可乘之機。

梅菲斯特跟浮士德訂約以後，立即帶他前去享樂的世界。通過浮士德與格萊辛的戀愛，表現了人世間的真情。浮士德並沒有掉進官能享受的泥坑，結果以格萊辛遭逢的悲劇告終。後來浮士德轉向對美展開追求，想藉此把握人生的意義，結果又以海倫的悲劇結束。最後浮士德轉向為人類社會進行創造的活動。這時浮士德已經雙目失明，瀕臨死地。梅菲斯特命令他的手下鬼怪給他掘墓。但是，那些鏟鍬的聲音，在浮士德聽來就像是建設新土地，挖土開河的聲音。「我夢想著建立一個理想的社會！」他說：「我願看到這樣的人群，在自由的土地，跟自由的人民結鄰！」但是，這需要人們努力奮鬥去爭取：「只有每天爭取自由和生存的人，才有享受兩者的權利。」而一旦這種理想能夠實現，他說：「那時，讓我對那一瞬間開口：停一停吧，你真美麗！」浮士德說完，就倒地不起。

表面上看，浮士德說了這番話，似乎意謂著梅菲斯特贏得了勝利，實際上卻遠非如此簡單。浮士德雖已百歲，拖著殘病之軀，依舊渴望「每天爭取自由和生存」，想繼續不斷地活動，並非停滯；而且，浮士德所說的這一瞬間並非惡魔把他迷住的瞬間，而是他自己進行無私的努力，實現為社會造福這個理想的瞬間。實現這種最高理想便已接近天國，他的靈魂就不會進入地獄。浮士德的肉體雖然毀滅了，惡魔卻無法占有他的靈魂。正當惡魔自以為得意，可以攫取他的靈魂時，天使降臨，撒出玫瑰花，把浮士德的靈魂帶往天國。

凡是不斷努力的人，他的靈魂就能獲救。中國古人就曾說：「天行健，君子以自強不息。」中、西文化的智慧有不少

是相通的。這種勇於探索、自強不息的精神是德國文化對歐洲文化做出的重要貢獻。

失樂園

地中海邊上的希臘陽光明媚、海水蔚藍。希臘人很早就建立了自己的文明。與其它文明古國相比，他們的文明既輝煌燦爛，又健康活潑，似乎沒有其它文明所經歷的那份艱難和沉重。即使在今天看來，他們的生活也顯得格外明麗和輕鬆。然而，希臘人很早就深知生活的沉痛，生命的短暫和無常。

有一次，彌達斯（貪財之神）向西勒諾斯（森林之神）詢問：「人的最佳命運是什麼？」西勒諾斯回答：「命如蜉蝣的可憐人啊！命運多舛，苦難重重的孩子啊！你為什麼逼我說出那不說為好的話呢？最好的命運可望不可即，那就是從不出生，烏有。但這已不可能。次好的是早早死去。」

然而，我們從詩文、雕塑，甚至從他們的政治中，分明感到希臘人是那樣積極向上，無憂無慮。很多人都把他們比喻成人類健康的童年。是我們出了錯嗎？不是。那是什麼使希臘人克服了灰溜溜的幻滅之感，沒有掉進悲觀主義的深淵？

尼采認為：是藝術拯救了希臘人，使他們超越了自己的苦難。他說：「莊嚴崇高的藝術制服了醜惡。」

《悲劇誕生於音樂精神》是尼采的第一部著作，也是他唯一完整的著作。我們知道，尼采對藝術情有獨鍾，他的學術著作，包括哲學著作，都是用優美的散文詩寫成的。如果他生活在現代，我想他比羅素（他以《西方哲學史》獲獎）更有資格獲諾貝爾獎。

《悲劇誕生於音樂精神》告訴我們，希臘藝術崇拜兩個神：一位是狄俄尼索斯，他是酒神、狂歡之神。他讚美生命，熱愛運動，富有顛狂的情緒和靈感；他肯定本能，好冒險。體現狄俄尼索斯精神的是酒神祭典：「這種節慶所做的主要事情差不多都是性的極度放縱。在這種時候，所有的人最原始的衝動都被解放了。」狄俄尼索斯是詩歌和音樂之神，是舞蹈和戲劇之神。另一個神是阿波羅，他是寧靜和安詳之神。他滿懷審美情趣，擅長理性沉思，是雕塑和史詩之神。

　　尼采認為，瑰麗的希臘藝術就是這兩個理想之神的融合，是狄俄尼索斯永不安寧的男性之力與阿波羅溫文爾雅的女性之

・尼采（1844—1900年）

美的有機結合。但是，他更多地把希臘藝術看作是酒神的產物。狄俄尼索斯指揮生命大合唱，阿波羅則導演生命的對白。狄俄尼索斯的徒子徒孫裝扮成半人半獸的森林之神，在舞台上放聲高歌。對白則是一種反思，一種對情感、本能的回味。

尼采認為：悲觀主義是不可取的，因為它是頹廢的徵兆；樂觀主義也不能容忍，因為它是膚淺的同義詞。只有希臘悲劇，他稱之為「悲劇樂觀主義」，才是強者的神貌。這種悲劇憑藉著強烈而深廣的人生經驗，哪怕遭受痛苦的折磨，仍能發現鬥爭就是人生的法則。尼采說：「悲劇本身就證明，希臘人事實上不是悲觀主義者。」希臘悲劇的黃金時代就是「希臘的輝煌時代」。

尼采認為，希臘文化經過蘇格拉底之後，開始走向衰微。「昔日，體魄和心靈如同馬拉松般強健，現在，卻越來越多地犧牲在含糊不清的啟蒙上，結果，體力和心力逐漸孱弱了。」對蘇格拉底這位希臘人當中最聰明的人，尼采很不以為然。他嚴厲批評蘇格拉底的名言——「知識就是美德。」他認為，自蘇格拉底以後，科學代替了藝術，理智代替了本能，辨證法代替了遊戲與競技。他進一步強調，一個民族，年輕時能創造神話和詩歌，衰落了，就擺弄起哲學和邏輯。

尼采在《權力意志》中寫道：蘇格拉底在獄中竟操起酒神音樂安慰他的良心。「蘇格拉底不得不這樣問自己：『在我看來不可理解的東西也許並不是不合理的？或許真有一塊拒斥邏輯學家的智慧樂園？藝術也許真是科學必要的輔助和相關物？』」但是，後悔是沒有用的，理性主義者的工作既然卓有成效，便無法收回，希臘戲劇和希臘品德已頹廢殆盡。「令人驚奇的事情發生了——告田詩人和哲學家改變主意時，他們的傾向早已征服了一切。」正是蘇格拉底之輩終結了英雄時代。

尼采真是一個不可救藥的浪漫主義者，雖然他曾嚴厲批評浪漫主義。雖然尼采的某些觀點我們不能接受，但他對藝術、本能、遊戲與競技的強調在今天還具有啟發作用。在科學、理智、辯證法占統治地位的今天，我們的確面臨看巨大的問題。是的，我們的文明創造了許多奇蹟，科學技術的發展有力地改變了我們的生活。但這種改變並不一定意味著生活質量的改善。在物質上十分繁榮的今天，我們的心理和精神層面卻顯得異常貧乏。有人把這一切稱為「文明的發展病」。仔細考察，這種說法並不顯得誇張。由於科學技術的發展，交流手段日趨多樣，人與人之間交流的貧乏卻是不爭的事實。人們普遍地感到孤獨、喪失信念且陷入迷惘，於是求助於醫生、心理治療專家或宗教導師。

　　希臘神話中的厄諾斯（Eros）代表愛情、色情、情慾、友情等等，他成了現代人反抗的象徵，愛情成了救世主，友情到處都在萌發和復活。但是，現代人的情感也隨著時間的推移，變得越來越脆弱，交往創造了新的友誼和愛情，但摧毀了原有的友誼和愛情。並且，作為對「文明發展病的自發反抗，愛情和友誼的力量過分弱小。也許還有反抗「文明發展病」的方式和力量，如瑜伽和禪宗等等。我們是否該像蘇格拉底那樣追問——在科技文明高度發展的今天，我們是否已丟棄了一個智慧樂園？

靈魂的深井

　　尼采在《善惡的彼岸》一書中陳述的一段話經常被引用。他說：「什麼是德意志人？這個問題在他們當中始終存在……

德意志人的靈魂裡有一些通道和長廊，其中有洞穴、藏匿處和地牢。它的雜亂無章具有神祕之美。德意志人很熟悉通向混亂的途徑。」

尼采的這些話是用來描述德意志人的靈魂。其實，我想，人與人之間還是相同的東西為多，正所謂「人同此心，物同此理。」這裡說的無非是揭露了人類心靈深處的非理性力量。不過，的確是德國人最先而且最深刻地研究了人類心靈的這種複雜性！這是德國浪漫主義所做出的特殊貢獻。

我們知道，在歐洲，浪漫主義是繼古典主義之後的一種思潮。德國的浪漫主義有兩件事與法國聯繫在一起。其一是：德國浪漫主義的長足發展是在拿破崙時期。由於法國對德意志的占領，加速了德國浪漫主義的發展，並使之成為反對法國人、反對法國革命和反對革命精神的思想武器。其二是盧梭的巨大刺激。盧梭是一個偉大的啟蒙思想家，他的思想和情感刺激了整個歐洲浪漫主義的興起，當然也不例外地在德國贏得了很多熱情的追隨者。

德國的浪漫主義如果在一種正常的環境下發展，肯定也會走其它國家浪漫主義運動的道路。但是，德國的浪漫主義是在反對拿破崙的侵略過程中成長起來的，它不僅反對這種民族侵略，同時它也反對法國革命，甚至於更進一步，它還反對法國革命的思想，即啟蒙運動的原則。它採取了極端的形式，它更深切、執著地控制著德意志人的精神生活。它影響了人類活動的一切領域——不僅牽動了文學、藝術和音樂，而且牽動了科學、經濟，尤其是政治。

如果說理性主義是古典主義的主要特徵，那情感主義就是浪漫主義的首要特徵。但是，德意志的浪漫主義更進一步，它的基本心理特徵是「渴望」，特別是渴望那些不能達到、已經

失去、無可挽回、正在消失、幻想和夢境中的事物。浪漫主義者大都表現出深深的幻滅感，他們從對人類、自然、美德的樂觀信仰，轉變為沉痛的失意和幻滅。法國大革命爆發之際，他們當中的大部分人曾信仰現代啟蒙運動。但是，隨著大革命出現的恐怖統治，以及拿破崙對各國肆無忌憚的蹂躪，敏感的浪漫主義者對未來感到深深的絕望。人們曾經嘗試過理智，結果並不理想；文明的進步似乎腐蝕了人的靈魂。他們開始玩弄死亡，感到朦朧、模糊、昏暗、幽深的黑夜比明朗、清澈的白晝更加親切。

著名的浪漫主義「持炬者」諾瓦利斯在他的《死的頌歌》中說：「生命是精神的疾病？」「神聖的黑夜，以無言的神祕，將我向她引近！」在這裡，我們看到了美學悲觀主義已經開始。在它的後面，追隨者將不絕如縷，如叔本華的哲學、華格納的音樂。

浪漫主義強調情感。情感並不是什麼新東西，可以說，在中西文化中，很早就有人研究、強調。但是，浪漫主義者還有另一層意思——他們格外重視情感和熱情，以此反對理性的統治地位。阿尼姆在給她兄弟的信中寫道：「我的靈魂是一個熱烈的跳舞者。它按照內心的舞曲跳來跳去，這種舞曲只有我一個人能聽見。所有的人都高聲叫我安靜下來……但我的靈魂舞興正酣，不會聽到；而一旦舞步停止，我的末日也就到了。」浪漫主義還有新的發現，它揭露了人類心靈深處的其它非理性力量。它指出了前此古典主義、啟蒙運動裡經常存在的膚淺性——只著重理性，並且往往把理性規約為嚴密的邏輯思維，從而忽視了人類心靈的複雜性和矛盾性。浪漫主義者按這種矛盾的觀點行事，他們有時顯得病態而憔悴，有時又把自己幻想成英雄，甚至上帝；他們有時候盡情讚美那些華貴、虛飾的東

西，有時又會崇拜農民的純樸；他們時而盡情狂歡，時而表現出純真與寧靜。他們彷彿用幻想的魔法把所有時代、所有的世界聯繫在一起。他們認為人類的靈魂就像深深的礦井，深邃、黑暗、奇異，裡頭既有價值連城的貴金屬，也有一文不值的廢物。他們的工作就是做一個導遊，引導人們去參觀。

與此相關，浪漫主義者摒棄了關於人的「普遍性」概念，強調個人的獨特性。在啟蒙運動中，人是千人一面的，他們具有單一性和同一性。浪漫主義者認為，每個人各不相同，是繁複性和多樣性的統一。施萊埃爾馬赫在《獨白》中談到他是怎樣從啟蒙運動的理想中醒悟過來的。

他說：「長期以來，我也曾滿足於發現一條具有普遍性的道理——我把單一的實質當作最高事物崇拜，從而認為在每種情況下，只有一種正確的行動方法，所有人的行動都應該相同，彼此之間的差異僅僅在於在世界上的地位和位置不同而已。我認為人類只是由於外部行為的多樣性才表現出種種差異，個人不是獨特的存在，而是由同一物質構成的，各處都是一樣的。」

後來，施萊埃爾馬赫認為每一個單個的人都以自己的方式代表人類，人並不是一個模子鑄出來的。這樣就實現了對人之認識的轉變。

黑夜裡，各色貓兒一般灰

古典主義與浪漫主義是兩頂大帽子，人們常用它們概括某些作家與作品；概括某段時間的文藝思潮。古典主義和浪漫主義作為文學理論，本身就是一門自給自足的學問，甚至不必依

賴於具體的作家和作品，可以做獨立的研究。但是，當我們用它們概括作家、作品的時候，必須時刻記住歌德的話：「理論是灰色的，生命之樹常青。」

每一個國家、每一個民族都有它自己的文學傳統和風氣。一個藝術家離不開他當時的社會條件，同時也總是在某種文學傳統和風氣裡進行創作。這種傳統和風氣不僅影響他的題材、體裁，更重要的是它也會影響他的風格。我們當然知道，藝術是創造性很強的工作。布封說：「風格即人。」但是，任何創造都不是憑空虛構，毫無條件的。這種傳統與風氣既給他機會，同時也是一種限制。這種影響有正反兩面。正的方面，影響是很清楚的，毋庸贅言。從反的方面說，抗拒和背棄這種傳統和風氣的人也會受到他負面的支配，因為他至少不得不另出手眼，以期逃避和矯正。德國的傳統和風氣自有它獨特的地方。在另一傳統和風氣裡的人看來，德國的作品差不多擁有相同的風格。法國人眼中，德國的文學都是浪漫主義的，它的古典主義也是浪漫的，而非古典的；而德國人認為，法國的文學只能算是古典主義的，它的浪漫主義至多是打了對折的浪漫主義。這正像西方諺語所說：「黑夜裡，各色貓兒一般灰。」

由此可知，我們不能過分糾纏於哪個作家是浪漫主義還是古典主義。中國文學裡，也有不少作家、作品被認為是浪漫主義的。在我們看來，其感情是激烈的、直露的，描寫是囉嗦繁覆的，想像是奇特的。但是，即使是具有古典主義傳統的法國人看來，我們的這些作家、作品仍然是含蓄、簡約、古典。

浪漫主義和古典主義是很難嚴格區分的。人們雖扛著不同的旗幟，卻並不能認為他們水火不容。同樣，打著一樣的旗，也未必就是英雄所見略同。歌德被認為是德國古典主義文學的偉大代表，他自己也讚賞古典主義。他創立了著名的定義：

「古典是健康的，浪漫是病態的。」確實，歌德非常喜歡古典風格的藝術，他對義大利的古典建築和造型藝術推崇備至。他甚至認為一七八六～一七八八年的羅馬之行是他的第二次誕生。他欣賞古代藝術並非因其古，而是認為它顯現出強壯、清新、歡樂與健康；他否定浪漫藝術也並非因其新，而是認為它表現得孱弱、不健康又病態。維護浪漫主義的人使用的也是同一槍法。施萊格爾兄弟認為浪漫主義的形式是有機的，而古典主義則是機械的。我們也許可以說，歌德所指責的浪漫主義是一種偽浪漫主義，或者只是浪漫主義的末流。歌德雖然地位高，喉嚨響，對真正的浪漫主義是毫毛不傷的。同樣，浪漫主義者向古典主義者所發的那些炮彈也全沒有擊中目標，摧毀的只是一些偽古典主義的靶子。古典主義和浪漫主義當然有不少區別，但它們服膺著一些相同的標準，如自然、真實、健康等等。只是，對這些標準，它們各自有著不盡相同的解釋。正是這些不同的解釋，幫我們區分了古典主義和浪漫主義。

國家是有機的嗎？

眾所周知，德國的浪漫主義者強調了個人的獨特性。但這並非說明浪漫主義者是個人主義式的無政府主義者。事實遠非如此。對德國的浪漫主義者來說，崇拜自己的獨特性和個體就意味著承認合法的多樣性。浪漫主義的個人主義者感到強烈地需要同伴，與他人共伺生活，承認需要集體性的感情，既需要單獨的個人，也需要集體中的個人。

人們不斷追求個性的實現和主觀情感的自由表達，與此同時，人們也越來越清楚地認識到這些深刻的非理性力量並不是

自發產生的，它們深深地扎根於個人的早期記憶，在他童年時期聽到的歌曲和故事，以及他的整個文化和物質環境之中。於是，浪漫主義者對本鄉本土和一切民間創作表現出濃烈的興趣，他們對語言和歷史更是進行了深入而精湛的研究。他們認為，一個人的個體與所有其它個體息息相關，他們一起融合在一個地域、一個民族之中。就這樣，人們由極端的個人主義出發，卻似乎走到了它的反面——對有機社會的崇拜。這兩者表面上看起來是完全對立的，然而，在實際中，卻貼合得天衣無縫。這大概是一種相反相成吧！格林兄弟常常採收正反面人物對比的民間傳說，《兒童的神奇號角》所產生的巨大影響是這一趨勢的最好證明。

從有機社會的概念向前邁出一步，我們無疑已接觸到浪漫主義最基本、影響最深遠的政治社會觀——有機的國家理論。這種理論徹底擯棄了啟蒙運動的政治理論，它否定了天賦人權說和社會契約說。他們認為：國家的契約性質是抽象的、人為的、機械的；國家應該是一個活生生的有機體、一個巨人、一個活的個體；它是許多個人的總和，這些個人不是由合理的契約聯繫在一起，而是由血統、遺傳、傳統和歷史有機地關聯著。在國家當中，每一個人都不可分離地與整體聯繫在一起，就像人體的手足一樣。有機的國家就像一個人一樣，它有自己的精神，也有自己的個性。

德國浪漫主義者為了使自己的理論更加有力，經常把啟蒙運動的理論形容得滑稽可笑。他們諷刺說，啟蒙運動理論的國家就像供人懶洋洋躺下的被褥。他們認為，國家不僅是提供方便的機構，而且應該能吸引個人內心深處的感情和思想；國家的實體不是國家的資產和財富，不是統治者、莊園和官吏，而是由一些古老久遠的傳統組成，這些傳統對現在和將來也同對

過去一樣，有著同樣的影響。因此，個人不應該用全新的方式行動，他的行為應該是他的祖先行為的延續。

德國有機國家理論的完全建立還應該感謝英國人柏克。這個柏克寫了《法國革命的隨想》，反對法國大革命。他的思想與啟蒙思想針鋒相對。這一點加深了德國浪漫主義對他的尊敬。並且，柏克是第一個把國家說成是一個不朽之家庭的人。德國人聲稱，正如他們比英國人更了解和尊敬莎士比亞一樣，柏克在德意志比在他的祖國受到更高的評價。當時的一個著名的浪漫主義者阿達姆‧米勒充滿激情地宣稱：

「我驕傲地說，他更屬於我們而不是屬於英國人。我引以為榮的是，雖然我自己的國家觀或許不是他的精神的成熟之子，卻仍不失為有希望的孩子（也許我應該稱之為孫子）。在德意志，人們承認它是自由與法律之間、權力和勞動的分散與統一之間、貴族原則與資產階級原則之間最有影響、最適當的調停者，因此，不管他的行為曾對英國發生多大的影響，他的榮譽應屬於德意志。」

罵你沒商量

一種文化總有人批評，有人維護，兩者相反而適相成。就像一盆鮮花，既要施肥，又要防病。每一種文化都有它健康合理的一面，一些人不遺餘力地維護它是自然而然的事；另一方面，一種文化不可避免地有它庸俗、市儈的一面，所以需要去批評，激烈時需要拚命——這對一種文化的正常成長來說是十分必要的。

然而，一種經常出現的情況是：批評和維護勢同水火。嚴

格地說，是批評者和維護者互不相容。我們常常聽到這樣的指責：某某是某文化的叛徒。一般說來，當一當這種叛徒是不要緊的。不過，是否會有另一種情況：的確存在這樣一種危險，批評有時候會轉化成一種破壞；或者說，有時候批評和破壞不能嚴格地區分，特別是就其後果而言。

德國人對自己文化的批評是出了名的激烈──幾乎所有傑出的德國人都對德國文化提出過尖銳的批評。歌德、海涅、尼采大概是嗓門最高的，有點罵你沒商量的氣勢。他們批評起來，聲色俱厲，不留情面。但是，誰也不否認他們都是典型的德國人，是德國文化的傑出代表。這表現了德國文化的自省精神，反映了德國人清醒、理智的一面。也許這就是保證德國文化長盛不衰，獨占鰲頭的祕訣所在。

一種文化自有它存在的價值。它凝聚了一個民族千百年間的智慧和經驗。但是，每一種文化都有它的缺失面、並非盡善盡美的地方。這樣一來，就有學習和借鑑其它文化的必要。這不是在比較文化之間的優劣。在這個世界上，不一定要把每樣東西都搞出個誰高誰低，孰優孰劣來。這個世界以後的發展肯定是各種文化之間互相融合，取長補短。我們既要學習外來的優秀文化，又能弘揚本民族的固有文化，不忘民族之本位。那種三十年河東、三十年河西的理論是根本不存在的。

文化豈能像烙燒餅一樣簡單，翻過來翻過去就能解決問題。比如說中國文化，這幾年很有一些人認為：「西方文化正在衰落，下個世紀是中國文化的世紀。」說這是「東風壓倒西風」。如果西方人愚笨到不趕快來學，我們就要送貨上門去。這些都是文化交流和發展中的噪音，只會打亂文化前進的步伐。中國文化裡確有些好東西，但是，我們需要學習的恐怕更多，比如民主、法律、科學，這些東西都很難從中國文化裡

「開」出來，只能移植過來。而且，這些對於現代社會來說，絕不是可有可無的。那種盲目樂觀的人沒有一點點憂患意識，對現代文化的發展和交流更是缺乏常識，這是非常危險的。

德國人就沒有這種危險。他們從來就不會盲目樂觀。但是，由於德國人特有的徹底性，他們發展出了另一種危險。他們的批評有時候走火入魔，破壞了文化的健康機體，至少就其影響來說是如此。這裡面頂突出的要算尼采。

尼采是一個特立獨行的人物，他對當時公認的價值及傳統具有真知灼見。他提出的重新估量一切價值的要求，表現了他對真理的不懈追求，以及他對整個西方文化之基礎的假定進行挑戰和質疑的勇氣。他心目中的哲學是要「找出一切異己、可疑的事物，一切迄今被道德禁止的事物。」他是一個善良的德國人，是民族沙文主義的敵人，同時代德國人的嚴厲批評者。他譴責缺乏創造性的沾沾自喜、大眾文化的淺薄和市儈道德。他對基督教的攻擊，實質上是對當時基督教的飾矯和偽善的攻擊。他尤其憎恨猥瑣小人，這種人出於一種罪惡、卑鄙的思想，懷著怨恨和妒忌，破壞一切自由、健全的事物，一切充滿陽光的事物，破壞樂觀的生活願望。他認為，虛偽的宗教正是從卑鄙的思想，從自我鄙棄的土壤和自我折磨的願望中產生出來的。這是禁欲主義思想的隱祕泉源。這種思想是「失意、自傲、可憎之人的思想。這些傢伙總是擺脫不掉對自己、對世界、對整個人生的強烈厭惡。他們儘量傷害自己，因為他們從傷害的行為中得到快樂。」他不遺餘力地攻擊奴隸道德。如果尼采就此止步，那就好了。但是，尼采提出了他的「權力意志」思想，猛烈攻擊西方文明長期積累的一切價值觀和合乎道德的善行。他對理性主義和啟蒙運動的否定，明顯地受到浪漫主義思潮的影響。

作家瓦爾特・拉特瑙的一段話可以為尼采提供一段註腳。他說：「我們時代的社會思想最深刻的錯誤就是相信人們可以要求科學知識來引發樹立意志和達到理想目標的衝動。知性決不能告訴我們相信什麼，希望什麼，活著為了什麼，犧牲為了什麼。本能和感情、靈啟和直觀——正是這些東西才能引導我們進入那些決定我們生存意義之力量的王國。」

應該說，尼采的批評並非無的放矢。但是，他產生了一種令人眼花撩亂、神魂顛倒的影響。他對後來的一些思潮和運動是負有責任的，如反理智主義、道德相對主義，甚至他本人極力反對的虛無主義及極權主義等等。當然，這些東西的出現大部分是由於後來者對他做了表面化和庸俗化的理解。

他創立了一門新興科學

一般認為，德國人的思辨能力高於他們的才華。也有兩方面都很厲害的例子，最為傑出的要算文克爾曼。曾經有位羅馬人為文克爾曼畫過一幅素描，這幅素描畫得栩栩如生，也很有名。畫中的文克爾曼鼻子很大，很有點像波旁家族成員的鼻子，嘴和下巴柔和豐滿，與其說像位學者，不如說更像一位藝術家。這時文克爾曼 48 歲。這一年，他發表了他的不朽著作《古代藝術史》——人類史上第一部藝術專史。

文克爾曼一七一七年出生在普魯士一個叫斯坦達爾的小鎮，父親是鞋匠。他沒有子承父業，卻從小就對古物具有一種非同尋常的著迷。據說，他在孩童時代就四處尋覓古墓，約請其他孩子幫他挖掘。後來他做過教師，也擔任過圖書館員。一開始，他通過書本認識古代，後來他便希望看一看古代遺留下

・文克爾曼（1717—1768年）

來的寶貴文物。

　　到南方去，沐浴在南國燦爛的陽光、暖濕的空氣之中。同時，那裡有精美的雕塑、瑰麗的繪畫、輝煌的建築。對德國人來說，這些就是一種誘惑。文克爾曼之後，謝里曼、歌德等一大批文化名人都將接踵而至。羅馬、希臘這些古典文化的聖地曾經激發了多少德國人的靈感呀……

　　文克爾曼的精心之作《古代藝術史》表現出了驚人的才華。在這之前，有關古代藝術，整個歐洲都只存在零散的古文

物資料，沒有任何次序。他自豪地說，他寫這本書時「沒有現成的模式」。的確，是他第一個根據零散的資料，建立了一套研究體系。在藝術方面，文克爾曼具有過人的才華。他善於觀察細微的線索，依靠斷言片簡，判斷複雜的情況。

斯達爾夫人在說到文克爾曼時總是讚不絕口。她說：「他能夠非常準確地抓住最細小的觀感，從中得出給人印象深刻的結論……塞雷斯的頭髮飄拂得很蓬亂，這就不適於明納娃；普羅塞賓娜的失跌永遠擾亂了她母親的心靈。米諾斯是周比特的兒子和學生，在獎章的塑像上，他同他父親的面容一模一樣；但這位天神之王同人類的判官相較，其區別就在於前者有一種安詳的威嚴，後者卻有一種嚴厲的表情。」

在文克爾曼之前，考古學一直受到偏頗的哲學觀之影響，並且為歷史學家的意見所左右。他改變了這種局面，這要歸功於他憑藉自己的才華發現了藝術傑作中所表現的才華，有如熱戀中的人發現了伊人面容上的無限魅力一樣。

文克爾曼不僅具有一般的欣賞能力，他還是一個真正具有自己的藝術見解之人，他的關於藝術理想的原理，即關於完美天性的見解，在文學、藝術領域已被普遍接受。另外，他對藝術中古典趣味的概括，排除了古典趣味與現代趣味的混合，可以幫助我們更好地理解古典主義的藝術原則。他還強調，表現「美」是一切藝術的共同要求，詩歌、雕塑在很多方面是共通的。他的所有重要見解，即使在今天，還是站得住腳，只需要做點補充、修改。在一些次要方面，他做出了過早的結論。例如，他認為古希臘雕塑都是潔白無瑕的，其實，古希臘的造型藝術品都是色彩斑斕的，只是由於雨水沖刷和風沙侵蝕，我們看到的絕大部分雕塑都是無色的。他還有一個可笑的見解，竟然認為希臘不僅有普通的凡人，還有「神人」……

挖掘特洛伊的商人

如果說文克爾曼對古代藝術品的研究取得了開創性的成就，那麼一個世紀之後，謝里曼在考古發掘上的貢獻亦可說無人能及。從文克爾曼以來一百多年，人們對遙遠古代的熱情絲毫未減，他們一代代地奔向南方。

謝里曼出生在德國北部梅克侖堡的一個小村落裡，他的青少年時代是在貧窮和奔波闖蕩中度過的。他做過雜役、學徒，後來在商行當簿記員。然而他聰慧好學，記憶力驚人。據說他只花了兩年時間，用一種獨特的自學方法，精通了英語、法語、荷蘭語、西班牙語、葡萄牙語和義大利語，每一門語言大概只用了四個月時間。這種能力已經稱得上非常驚人，卻又聽聞他學會俄語只用了一個半月時間。同時，謝里曼做生意也取得了成功。一八四七年，他憑自己的勤奮和努力，創辦了自己的進出口商行。

後來，他到美國淘金，創辦了一家經營黃金的銀行。這時他的身分已經夠得上美國總統的座上賓了。如果到此為止，我們今天誰也不會記得謝里曼。商業上的成功並沒有使謝里曼滿足，他的夢想是找到並研究荷馬筆下的英雄人物創造業績的地方。他相信那些英雄實有其人，他要證明他們真的存在過。

謝里曼後來回憶說：「小時候，我父親送我一本書，那是一八三二年他給我的聖誕禮物，裡面寫著特洛伊戰爭的主要經過和奧德修斯、阿加門農等英雄的事蹟。」

這時候謝里曼只有九歲，他就已經立起了終生不渝的理想。這種理想是如此令他著迷，以致他遲遲不敢學希臘語。因為他害怕一旦開始，就無法放棄。他要為自己的理想打下堅實的經濟基礎。直到一八五六年，他決定放棄經商，用一個半月

時間學會了希臘語。

在謝里曼的時代，荷馬被當作傳說中的行吟詩人。人們對荷馬這個人是否真實存在都有所疑問，更不用說去相信他的作品中的歷史內容。然而，謝里曼對荷馬史詩記述的故事深信不疑，甚至詩裡的細節描寫，他也頗為當真。比如荷馬描寫阿加門農的盾上裝飾著三頭蛇的圖像，他認為這是不容置疑的。他把荷馬筆下的地形描寫當作軍事地圖一般看待。就是憑著對荷馬史詩完全相信的執著，他找到了特洛伊、邁錫尼、柯林斯和克里特。他發掘出來的文物充滿了各國的博物館。他豐富了人們關於古希臘文化的知識，甚至可以說在某種程度上復活了幾千年前的文明。

謝里曼的事蹟無疑表現了德國人特有的執著和徹底精神。在科學時代，人們常常用懷疑的眼光看待一切，謝里曼卻反其道而行，最後大獲全勝，真讓人感嘆不已。

Chapter 3
通過知識獲救

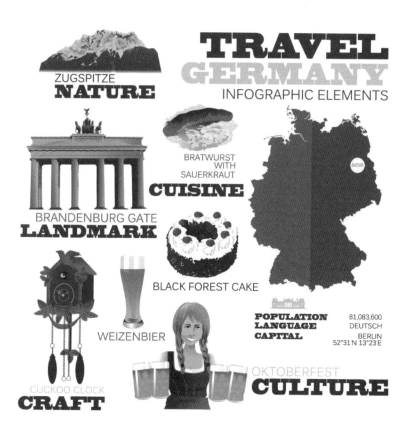

TRAVEL
GERMANY
INFOGRAPHIC ELEMENTS

ZUGSPITZE
NATURE

BRATWURST
WITH
SAUERKRAUT
CUISINE

BRANDENBURG GATE
LANDMARK

BLACK FOREST CAKE

WEIZENBIER

POPULATION 81,083,600
LANGUAGE DEUTSCH
CAPITAL BERLIN
52°31 N 13°23 E

OKTOBERFEST
CULTURE

CUCKOO CLOCK
CRAFT

文化對抗文明

　　我們經常說，德國是個詩人和思想家的國度。有人稱之為「思維的故鄉」。在德國人聽來，這是對他們「文化」的高度肯定，他們是挺高興的。德語中，「文化」的概念就其核心來說，是指思想、藝術和宗教。德國人十分強調他們的「文化」，他們用「文化」標榜和表現自我，表現他們對自己所取得之成就所感到的驕傲。他們在運用「文化」這一概念時，具有一種十分強烈的意向，就是把文化指稱的事物與政治、經濟和社會現實區分開來。德語中「文化」的這種特殊含義由它的派生形容詞「文化的」（Kulturel）淋漓盡致地表現了出來。這個詞不是指一個人的行為舉止等等，而是指某種特定的由人類創造的價值和特性。德國人在對「文化」進行思考和界定時，他們一定想到了「文明」這個概念。在德語中，「文明」是指那些有用的東西；與「文化」相比，是次一等的價值，即指那些包括人的外表和生活的表面現象。德國人這樣理解「文明」與英、法兩國的理解是有所區別的。

　　如果說德國人為他的文化感到自豪的話，英國人則因「文明」而驕傲。「文化」這個詞在德國人心目中的地位大約相當於「文明」在英、法等國之人心目中的地位。「文明」這個詞在英、法語言中，含義是寬廣而複雜的。一般地說，它幾乎可以用來指稱人類社會所取得的一切成就。它既可用於政治，又可用於經濟；既可用於宗教，也可用於技術；既可用於道德，也可用於社會現實。「文明的」這個詞既可用於指人的成就，多數時候則指人的行為舉止。在英、法兩國，他們所指的「文化」，正如著名歷史學家布羅代爾所說：「是指尚未完全成熟或未能確保其成長的文明。」

在德語中，說一個人是「有教養的」，相當於英、法人士說「文明的」。很顯然，它首先指人的行為和舉止，社會狀況，起居、交際、語言、衣著等等。「文化的」之所以區別於「文明的」，就在於它不直接指人本身，而是指人所取得的成就。

我們知道，「文明」這個詞強調的是共同的東西。今天我們一般不說「英國文明」、「法國文明」、「德國文明」，因為從社會進步的角度，我們完全可以把它們合在一起，它們屬於一個文明。它們之間當然有差異，但並不顯著，它們所達到的文明水平幾乎一樣。但「文化」就不一樣，各國之間的文化差異很大。我們經常會說「德國文化」、「法國文化」、「英國文化」。如果文明更多地是指稱脫離了野蠻狀態，強調的是共性，文化則更多地講差異性。一個民族以「文明」而自豪，那它幾乎不涉及到「民族意識」這個概念；但如果一個民族以「文化」自豪，那它就強調了民族差異和群體特徵。

與西方其他民族相比，德意志用了很長的時間才在政治上取得統一。幾百年間，它的領土總是被別人侵略或受到侵略的威脅。如果說「文明」表現了殖民和擴張的傾向，那麼「文化」就表現了一個民族的自我意識。這個民族必須經常提出這樣的問題：「我們的特性究竟是什麼？」他們必須經常從各個方面進行探求，以維持政治上、思想上與他人的界線。德語中，「文化」概念所表達的傾向、所界定的範圍，以及對民族差異的強調，正與這一歷史進程相符。「究竟什麼是法國的？什麼是英國的？」很久以來，幾乎沒有一個法國人或英國人在他們的意識中提出過這樣的問題。而「究竟什麼是德國的？」德國人幾百年來卻一直在不停地問。

在德國，「文化」和「文明」對立的思想起源很早，我們

至少可以追溯到康德。他第一次採用了「文化」、「文明」這兩個概念，描繪社會中某種對立的經驗。

一七八四年，他在《從世界公民的觀點撰寫世界通史的想法》中寫道：「我們通過藝術和科學，達到了很高的修養，我們太文明了，以至於繁文褥節成了累贅……」「道德觀念屬於文化的範疇。」他繼續寫道：「而這一思想的流行，只不過造就了那些追求名譽、追求表面的禮儀規範等所謂的德行，只不過推進了文明而已。」

其實，在康德的時代，強調文化與文明之間的對立，幾乎還沒有涉及到民族意識的問題。因為他是從世界公民的角度出發的。這種對立反映的是一種社會內部的矛盾，是那些講法語，按法國模式文明化的宮廷貴族與講德語，處於中等階層的知識分子之間的矛盾。由於種種原因，在德國，知識分子階層被排斥在上流社會之外，他們與政治無緣，但他們為他們的思想、科學和藝術成就而自豪。與他們對立的上層卻一無所成，他們只能靠他們文明的舉止建立自我意識。這就是康德為什麼講「文明變成了累贅」的原因。

拯救海倫

現在一般認為，文藝復興是從十四、十五世紀的義大利開始的。這時候，代表文藝復興成就的一些新的思想觀念已明顯地嶄露頭角。人文主義者佩脫拉克（一三〇四～一三七四）和薄伽丘（一三一三～一三七五）都是十四世紀的人物，他們作為這一時期的偉大作家，最先預言了一個新時代的來臨。文藝復興之前幾百年，我們稱之為中世紀，一些人誇張地認為它是

歐洲歷史上的黑暗年代。然而，現在通過歷史學家不斷地探索，證明中世紀絕非漆黑一團，它其實是歐洲文明史的重要一環。它顯得冗長而混亂，卻一直在摸索和孕育，培養了我們今天十分珍惜的大部分價值觀和思想，如人權、法律等等。對這些東西的尋根究源，我們應該一直追綜到中世紀，而不能滿足於啟蒙思想家的漂亮言辭。沒有中世紀，文藝復興的歐洲與遙遠的古代對接的成功是不能想像的。

我們且沿著這條思路逆流而上，讓我們到八～九世紀查理曼大帝時期，看看加洛林王朝時期的文藝復興吧。公元八〇〇年，德意志神聖羅馬帝國的建立，本身也反映了人們想回到羅馬帝國統治下的和平狀態。人們在經歷了戰爭和混亂之後，普遍渴望著和平和秩序。儘管加洛林王朝在查理曼大帝去世後土崩瓦解，但人們認識到有可能普遍提高社會管理、社會道德水平和法治水平。查理曼大帝是個真正具有雄才大略的人物，既武功赫赫，又文采不凡。他召集當時歐洲最優秀的學者，復興了宮廷學院，從而推動了學術研究。

與此同時，查理曼還建立學校，激勵了理智主義的復興，又重新燃起了人們對希臘、羅馬古籍的熱情。這種重新喚起的對知識的熱愛，在查理曼大帝之後繼續存在。這熱情的火焰也許太過微弱，一時還不可能形成燎原之勢，然而它確保了歐洲知識傳統的綿延不絕。這場具體而微的文藝復興，使這個法蘭克王國或日耳曼王國主動吸收了希臘、羅馬古典文化和基督教化的希伯來文化財富。這一過程被歌德描繪成「浮士德拯救特洛伊的海倫」。加洛林王朝的文藝復興為中世紀的文化融合和發展揭開了序幕。

為歐洲文化的承傳做出了極大貢獻的第二個因素是伊斯蘭教徒的貢獻。他們憑著對知識的熱愛，保存了大量希臘著作，

翻譯成阿拉伯文。大約在公元八世紀，伊斯蘭教徒大量湧入西班牙，在那裡建立學術中心。隨後，一些學者，特別是猶太學者，衝破基督教歐洲和穆斯林西班牙之間的壁壘，將希臘的文化精神重新介紹到西方世界。不久，基督教徒也跟隨他們，進入這個新的知識世界。到了十一世紀，這些穆斯林著作開始在基督教世界傳播，同時也把阿拉伯的數學、科學、哲學介紹進來。

在中世紀文化融合的過程中，日耳曼文化充分顯現出它的活力。日耳曼文化、希臘·羅馬文化與基督教文化這三者慢慢走向一起，形成一個仍以基督教為主的文化。結果是世俗生活和宗教生活變得協調一致，使整個文化更具有文化色彩和人道主義精神。儘管這個時代仍然充滿混亂、矛盾和明顯的弊端，但文化卻獲得了相對的穩定。基督教三位一體的三個重要象徵——力量、智慧和仁愛——有趣地代表了三個融為一體、比例相近的文化成分。力量是日耳曼人的貢獻；智慧是希臘·羅馬文化的主要理想；仁愛則是希伯來文化的特徵。

誰的專利？

紙、印刷術、火藥和指南針被稱中國古代四大發明。中國於九世紀就已經發明了印刷術，最早是雕版印刷。工作程序是這樣的：首先把字或圖案雕刻在一塊塊木板上，上面塗上油墨，每塊木板相當於一頁，一頁頁地拓印。印一部書顯然需要很多木板，同時工作進度緩慢。後來，畢昇於十一世紀發明了活字印刷，使印刷術另闢新路。最先出現的是泥活字：用膠泥製成的活字借助於石臘，固定在金屬字盤上。這種活字幾乎未

被推廣。接著有錫鑄活字，極易磨損。十四世紀初出現了木製活字，得到了推廣，據說還傳到了土耳其。大約在十五世紀上半期，金屬活字代替了木活字。這種金屬活字是在錫鑄活字的基礎上加以改進。這是印刷術在中國發展的基本情況。

　　大約半個世紀後，即十五世紀中期，古騰堡的印刷業已經初步形成。我們現在沒有充分的證據證明，古騰堡的活字印刷術是歐洲人的獨力發明，還是對中國印刷術的模仿和改進？兩種意見一直相持不下。不過，越來越多的人開始相信，這是中國向西方的技術轉移，並且還提出了可能的傳播途徑：從中國到韃靼，到莫斯科，再到德國。不管是對中國技術的模仿、改進還是獨力發明，從古騰堡印刷的《聖經》來看，當時的印刷水平是相當高的。《聖經》每頁三十六行，十分清晰，並配有精美的圖案。可以想像，這是經過長時間的摸索，克服了一系列困難取得的結果。古騰堡使用的活字用合金做成，鉛、錫、

· 古騰堡印刷

銻三種金屬按精確的比例搭配，做到了既耐磨，又不會太硬。製作過程通常是這樣的：第一步，用鋼製成凸形沖模；第二步，在鋼板上壓成凹形字模；第三步，澆鑄合金，得到活字。有了活字，就可以出版圖書了。

　　古騰堡的活字印刷業很快在歐洲傳播開來。一四八〇年，歐洲就有一一〇多個城市設有印刷所；一五〇〇年，增加到二三六個。據統計，一五〇〇年之前，歐洲共印刷圖書約兩千萬冊。到了十六世紀，印刷業的發展進一步加速，歐洲大約出版了二十萬種圖書，共印出兩億冊。

　　思想的生命力在於接觸和交流。由於印刷業的發展，原來局限在古籍手稿中的思想從此洶湧澎湃，四處擴張。從此，人文主義者將借助於這些大量出版的典籍，發起咄咄逼人的攻勢；從此，宗教改革家將以廣為傳播的《聖經》為武器，向教會發起挑戰；從此，科學也將裝上翅膀，在歐洲的上空翱翔。

　　印刷業給一切帶來了生機和活力，它極大地推動了文明的發展。有一些例子是值得重視的，它告訴我們印刷業的發展到底帶給了我們什麼。眾所周知，十六、十七世紀，自然科學取得了突飛猛進的發展。有大量證據表明，這一情況的出現，印刷業功不可沒，甚至起了舉足輕重的作用。十七世紀，作為自然科學之基礎的數學取得了巨大的突破。這種突破以函數的發現為契機。函數，用今天的數學語言表述，就是 $y = f(x)$。假如尚未使用無限小和極限的概念，就談不上函數的問題。無限小和極限的問題，阿基米德早已經做了卓越的探索。但是，在十六世紀之前，阿基米德的著作只有極少數的抄本，躺在類似博物館、圖書館這樣的地方，很少有人能看到。甚至連阿基米德的名字，也只有極少數人知道。達文西曾聽說過阿基米德的手稿，並四處尋覓。知識的發展是多麼依賴於傳播啊！科學

· 古騰堡聖經

著作的大量出版，極大地促進了科學技術的發展。

　　說到書籍出版在人類文明史上的貢獻，除了這一次之外，還有另一次，人們應該好好記住。這一次出現在兩千多年前的希臘，是一次類似於古騰堡印刷的重大事件。英國的卡爾・波普爾認為，希臘第一次出版《荷馬史詩》大約在公元前五五○年左右。在這之前，《荷馬史詩》大約存在了三百年。但是，在沒有收集寫下來之前，它不可能得到廣泛的傳播。把《荷馬史詩》抄寫成許多份，並向公眾出售，這是希臘最初的書籍出版。到柏拉圖的時代，書籍的抄寫已經相當普及。我們從《蘇格拉底申辯篇》中看到這樣一句話：「任何時候都可以在書市上花一德拉克馬，如果需要這麼多錢的話，買到這本書。」（指安拉克薩特拉的《論自然》）一德拉克馬是多少錢呢？大約相當於一九八四年的二、三美元。書籍市場的發展，對希臘文化的普及和發展的影響是不可估量的。它導致了識字的普及，教育水平的普遍提高；而這些既是希臘奇蹟的一部分，又是它的重要基礎。對古騰堡印刷業的重要性，我們今天有了較為清楚的認識。憑著這一經驗，我們能更好地認識古代的書籍出版，這其中也包括我國古代的書籍出版。

通過知識獲救

　　現在，「知識經濟」成了一個時髦詞，它強調「知識」在經濟中的地位，一知識」成為經濟的首要資源。在這以前，我們說，科學技術是第一生產力。其實，它表達的差不多是同一個意思，只是它專講科學技術，忽略了其它方面的「知識」。實際上，「知識」不僅相對於經濟，它對整個社會都是至關重

要的。如果把我們的社會稱為「知識社會」，也是十分恰當和必要的。並且，這種情況不僅現在如此，很久以前就是這樣了。只是，在當時，大家缺乏足夠的認識。

在觀察十八、十九世紀德國知識分子的時候，我感到他們對「知識」、「文化」的認識的確比別人高出一籌。他們雖然沒有提到「知識社會」這一類詞，但是，他們早已經自覺地實踐了。

德國從十七世紀起，與英、法兩國相比，明顯地有所落後。起源於宗教和權力之衝突的三十年戰爭（一六一八～一六四八）使德國更為四分五裂。由於戰爭的破壞，人口銳減、經濟凋蔽，人們越來越貧困。另一方面，由於德國沒有參與新航路的開闢，發現新大陸所帶來的經濟繁榮，德國無緣分享。相反，隨著商業通道的改變，使德國原有的商業中心衰落了。

十七世紀之後差不多兩個世紀，德國文化與英、法相比，簡直可說是無足輕重。一般人為吃飯而奔波，他們沒有經濟能力去從事文學、藝術。有經濟能力的德國大小宮廷忙於學說法語，模仿法國的宮廷制度。那時候，從宮廷直至市民階級的上層都說法語，所有「有教養的人」、所有「受尊敬的人」說的也是法語，說法語成了上流社會的等級標誌。中下階層所使用的德語冗長臃腫，僵硬笨拙。他們都說著各自的方言。一些優秀的學者，如萊布尼茨曾考慮改良德語，並且有一些人還提出了一些規範語言的方案。但是，一個有著那麼多獨立小國的民族大家庭，要人們服從少數學者制訂的語言規則是很困難的。在那個時候，人們普遍認為，德語的本質便是粗俗和野蠻。

一七三〇年，高特舍特的未婚妻這樣寫道：「沒有什麼比用德語寫信更加粗俗的了。」人們即便說德語，也盡可能摻進一些法語詞彙，認為只有這樣才算得上悅耳。

腓特烈大帝在他的《論德國文學》中談到德語時，這樣寫道：「我認為這是一種半開化的語言。德國有多少地區，就有多少種語言，而每一個地區的人又都自認為自己的方言是最優美的語言。」

　　腓特烈大帝雖然敏感地覺察到這種情況，卻什麼也沒做，只是等待著。他預言：「隨著德國逐漸富裕起來，將會有越來越多的人從事文化工作，德國藝術和科學的繁榮時期即將到來。德國人將變得文明起來，這將使他們和其他民族並駕齊驅。」——這便是他所說的「幸福的革命」。他把自己比作摩西，預見到本民族新的繁榮時期即將到來，而他自己卻不能親

· 腓特烈大帝（1712—1786年）

眼目睹了。德國大小宮廷裡的人物，大概要算腓特烈最有見識。他的預言基本上是正確的，德國文化確實出現了超過他想像的繁榮。但那不是他所嚮往的那種繁榮。

腓特烈具有典型的法國趣味，他所想像的德國的繁榮只是法國的翻版而已。這一點在他對生氣蓬勃的莎士比亞的批評中表現得極為明顯。他寫道：「出現在舞台上的是小偷、掘墓人，操著滿口只有他們那個行當才說得出口的粗俗語言。隨後出現的是王子和王后。像這樣一種充斥著荒誕離奇和低級庸俗，充斥著偉大崇高和滑稽可笑，同時又摻雜著悲劇氣氛的大雜燴，怎麼會感動人、娛樂人呢？……我們可以原諒莎士比亞，因為這一藝術在其形成的時候還不成熟。」

說這些話的這個人當然未曾覺得自己好笑。在當時，他的這種見解也算不上是獨得之見。他所反映出來的思想其實是當時上流社會的共同思想。可以說，他的見解是歐洲說法語的上流社會一種模式化的標準意見。然而，這種見解卻命中注定不適合於德國，四分五裂的德國需要自己統一、獨立的民族文化。德國的路還很漫長，因為還沒有民族文化，沒有民族凝聚力，沒有政治的統一。

那麼，誰來拯救德國呢？

和在其它領域一樣，德國的一群弱小、沒有權力，處於中等地位的知識分子擔負起在英、法兩國很大程度上是由宮廷和貴族上流社會擔負的任務。這些學者在沒有依靠的情況下，摸索出一條建設德國文化之路。雖然德國政治上的統一仍然遙遙無期，但建立統一的民族文化應該提上議事日程了。

早在一七八〇年，也就是腓特烈大帝發表他的《論德國文化》的那一年，德語就已經不是半開化的土語了。如果我們查一下德國文學編年史，就會發現，當時一大批具有重大意義的

作品已經面世了。這其中有歌德的《葛茲‧封‧貝利欣根》、《少年維特之煩惱》，萊辛的《拉奧孔》及《漢堡評劇》，還有十八世紀七〇年代「狂飆突進運動」時期的一大批戲劇及小說。這些作品都是用德語寫成，並且擁有不小的讀者群。一種偉大的精神上的振奮一浪又一浪地席捲了整個德國。德語由此變得豐富且生動起來。當然，腓特烈大帝由於個人的欣賞趣味，他沒有看到這些。

在德國，情況就是這樣：社會最上層的那些人說著法語，決定著政治，他們自詡為文明人。然而，他們對德國文化的發展沒起什麼作用，他們對德意志民族文化缺乏真正的了解。與之相對的是一個中等階層的社會，一個說著德語的知識分子階層，他們對政治的發展基本上沒有影響。然而，正是由於從這個階層中產生了某些人，人們才把德國稱為詩人和思想家的國度，「文化」也正是從他們那兒獲得了特殊的意義和傾向。

德國的伏爾泰

德國歷史上最有名的兩位哲學家康德和黑格爾，他們的政治態度似乎正好相反。黑格爾年輕的時候，在政治上頗具叛逆精神。他在早期擁護法國大革命，還曾栽種了有名的「自由樹」。但到後來，他認為現狀是神聖不可侵犯的。隨著年紀的增長，變得保守、頑固，這樣的人現實中比比皆是。這大概是常例。他們與年輕時候相比，判若兩人。這絕不能以「思想走向成熟」這樣的話加以解釋。這可能與他們越來越重的「私欲」、「世故」相關。所以有人恰當地把這些人稱為「老朽」，意味看他們「朽木不可雕也。」

康德卻走了一條相反的道路。他的老年是驚世駭俗的，居然超越了他壯年時期的保守主義。在幾乎是他最後的著作中，並且是在他幾近古稀之年的時候，他回到朝氣蓬勃的自由主義大道。要不是他的高齡，他的聲望庇護著他，這原本可能送掉他的性命。

在這些著作和演講中，我們驚異地頻頻聽到的康德的聲調，使我們幾乎可以把他當作伏爾泰。我們知道，伏爾泰就意味著啟蒙運動、百科全書派、理性時代。伏爾泰等啟蒙學者憑著對知識和理性的崇高信任，奏出了他們那時代的最強音。康德，這位處在黑暗專制的普魯士統治下的學者，他能做些什麼呢？我們不是曾說他小心謹慎、質樸無華嗎?!然而，這只是他的生活。精確地說，是表面的生活。他的良心並非是軟弱可欺的，甚至於可以說，他是一個勇往直前的戰士。不知是哪位哲人說過（編按‧正是康德所言），世界上有兩件東西最讓人驚異──一是浩瀚的星空，另一個就是良心。在我們這個時代，良心已經不再是一個重要的概念，但在康德的年代，良心可是天大的事。

世界上有一種人，他們的內心所蘊和表面的生活樣態似乎並不一致。有一個和康德類似的例子，那就是沈從文。他的生活也和康德一樣，在一般人眼裡，作為學者、作家，平靜如水，但他的內心卻常常刮起風暴。他看起來溫文爾雅，骨子裡卻是個戰士。畫家黃永玉在給沈從文寫墓碑時，對這一點深有體會。他寫道：「戰士沒有死在戰場，就要回到故鄉。」

這位康德，我們甚至可以認為他是啟蒙運動最後一位偉大的倡導者。眾所周知，康德始終擁護法國大革命。他甚至說：「所有一切現在正發生的殘殺，比起若繼續實行法國以前的獨裁統治，都無足輕重。雅各賓正在幹的一些事都十分正確。請

不要對我胡說什麼民族的驕傲，我情願承認別的國家比我們幹得好。」他甚至在毫無地位的情況下，居然寫出了一份裁軍計畫。康德還說：「所謂國家，都是由人民統治自己……專制政體對人類沒有好處，即便是對它本國也沒有好處，它只能給予一個國家表面上的顯赫。」這對腓特烈得意洋洋的開明專制理論真是當頭一棒。難怪國王警告康德，不得重犯，否則將是「逆上」。康德的回答是：「拋棄自己內心的信念或公開承認錯誤，這是很不光彩的。對目前這種情況，做臣民的只好保持沉默。如果一個人所說的每件事都很正確，這並不意味著他有意公開聲明這一切。」這就是康德的智慧和勇氣。

在一篇題為《什麼是啟蒙運動？》（一七八五）的重要文章中，康德寫道：

「啟蒙運動使人類從自我強加的受監護狀態中解放出來。在這種狀態下，人不依賴外在指導就不能運用自己的理智。這樣一種我稱之為「自我強加的」（或（該受譴責的」））受監護狀態不是由於缺乏理智，而是由於缺乏不借助於領導的幫助就沒有勇氣和決心使用自己的理智。敢於顯示智慧！敢於運用自己的理智！這就是啟蒙運動的口號。」

「敢於運用自己的理智！」這是對啟蒙運動最精煉的概括，解釋了啟蒙運動的中心觀念：通過知識和理智，求得自我解放。當然，我們知道，後來的浪漫主義者批評了純粹理性，揭示了人類精神的複雜性：理性既不是生活的全部意義，也不是生活中最好的事物。浪漫主義對啟蒙運動的一些批評是非常正確的，但並不能否定知識和理智的重要性，通過知識和理智獲得解放仍然是人類的迫切任務。

尤為可貴的是，康德雖然強調理智的重要性，卻並不需要浪漫主義者的幫助，以認識理智的不足。他並沒有使理智獨斷

專行。他認識到人類經驗目標的多樣性。作為一個多元論者，他信奉開放的多元社會，認為它可以實踐他的準則：「敢於自由，尊重他人的自由和自主權；因為人的尊嚴在於他的自由，在於尊重他人的自主和負責任的信仰——尤其是在這些信仰與他自己的信仰不同的情況下。」他還說：「對每一個人，應該把他當成他自身是一個絕對的目的來加以尊重；為某種外在意圖利用他作為一種工具，便是侵犯他作為人之所有尊嚴的一種犯罪行為。」

康德的思想實際上有助於這樣一個重大問題的解決，這個問題的解決在我們今天也還具有重要的意義：在強調多元文化的今天，如何保障進步？如果沒有進步，代代相繼的文明的勞動就會像西緒弗斯的辛勞——他一次又一次，不斷將一大塊圓石推上高山，快到山頂時，石頭便滾回山下。

德國的孔夫子

中國古人常說：「天不生仲尼，萬古如長夜。」這大概是對孔子的最高評價；比什麼「至聖先師」，對孔子來說，肯定更為中聽一些。隨著對孔子之前歷史研究的深入，我們發現，在孔子之前，中華文明的曙光已經顯現，所以，這句話在我們今天聽來，不免覺得太過誇張。在歐洲，也有類似的說法：「康德是近代和現代的分水嶺。」這種說法當然也有水分，但看來有越來越多的人開始相信；如果說還沒有取得廣泛的一致，那是因為很多人讀不懂康德。以一個人的思想劃分了時代，那這個人肯定具有過人的智慧，曾經解決了重大的問題。人們對康德的貢獻通常這樣評價：「從理性中救出宗教，同時

又從懷疑論中救出科學。」康德著名的三大批判，即《純粹理性批判》、《實踐理性批判》、《判斷力批判》，真正主宰了十九世紀的思想。在此之前，還從來沒有一套思想體系曾那樣主宰過一個時代。

一七八一年，他的《純粹理性批判》使世界從獨斷的睡夢中驚醒過來。從那一年起直到我們現在，批判哲學統治著歐洲的思辨哲學領域。叔本華的哲學、黑格爾的哲學都曾粉墨登場，成為一時間的權威；進化論在一八五九年之後蕩滌了在它之前的一切思想成果；十九世紀末，尼采振奮人心的「偶像破壞」占領了哲學舞台的中心。但是，所有這些都是次要的，甚至是表面的；在它們的底部，康德雄偉有力，綿綿不斷的暗流滾滾向前。沒有他的培植，一切都將衰萎；離開他的載負，任何大師的七彩樓台都必然坍塌。但是，他的書冗長累贅——也許相對於他要解決的問題來說，十分簡潔——他的問題是如此複雜，使我們在這裡不可能通過分析他的思想，窺探他深廣的智慧。我們只能迂迴曲折，小心翼翼地找到一些外圍的孔洞來觀察他。

一般而言，在人們的心目中，康德的形象大概是這樣的：他鼎鼎大名，但同時是一位枯燥刻板的哲學家。誰都想在他的「哲學家之路」上走走，以獲得智慧，卻沒有幾個人認真讀透他的著作。他於一七二四年生於哥尼斯堡。這位沉默寡言的人雖然十分愛好講授遠方異國的地理和人類學，但他從來沒有離開他的故鄉。一開始，誰也不指望他震驚世界。這位膽小怕事、質樸矮小的人，看來是最不會幹出使人吃驚的蠢事。可到了四十二歲時，他寫道：「我有幸愛上形而上學，可我的心上人還沒有向我表示贊許。」在這些日子裡，他談的是「形而上學的無底深淵」，說形而上學是一無邊無際，沒有燈塔的黑暗

海洋，四處漂浮著許多哲學的碎片殘骸。」他甚至攻擊形而上學家就是那些住在沉思之高樓的人，「那兒常常刮起陣陣大風。」到這時，他還沒有預見到，形而上學所有風暴中最大的那一陣將是他自己吹起來的。

在那些默默無聞的歲月裡，他研究行星、地震、火、風、以太、火山、地理、人種學以及上百種諸如此類的東西。康德認為所有的天體一直有人居住，或將有人居住；那些離太陽最遠的天體，由於形成的時間最長久，也許活著比我們更有智慧的人。他甚至暗示了人類起源於動物的可能性；但他是小心翼翼、委婉曲折地提出的。

他的生活很有規律。海涅說：「起床、喝咖啡、寫作、講課、吃飯、散步，都各有固定的時間。每當康德身著灰色大衣，執著手杖，出現在門口，走向那條迄今還叫作『哲學家之路』的菩提樹小徑時，鄰居們都知道，時間恰好是三點半。他就這樣來來回回地散步，一年四季都是如此。當天氣陰沉，或烏雲密布，快要下雨時，人們可以看到他的老僕人蘭普步履艱難，憂心忡忡地跟在後面，腋下夾著一把大傘，像是小心謹慎的象徵。」

據說，有一次例外——這是一個有名的故事：有一天，他讀盧梭的《愛彌兒》入了迷，竟至於忘了每天定時的散步，使得鄰居們大為詫異。康德思想上所受到的巨大影響，在科學上是牛頓，在人文上則是盧梭，這一點是他自己明確提到過的。他在散步時，只用鼻子呼吸，不許他人跟他講話。他在行動之前，把每件事都想個透徹，所以終身是個單身漢。他兩次想向女子求婚，但他考慮得太長久了，結果：一次是他的對象嫁了個比較果敢的人；另一次是，在這位哲學家下定決心之前，女方已離開了哥尼斯堡。也許，他像尼采一樣，覺得結婚會妨礙

他一心一意追求真理。他的一位同時代的人塔列朗說：「一個結了婚的男子為了錢，什麼事都幹。」

這個人的外部生活和他內蘊的那種震撼世界的思想是多麼截然不同啊！

Chapter 4
一曲歡樂有風情

一曲歡樂有風情

　　每個民族的文化都有它的代表人物，是他們將一種文化發展到極致。就中國文化來說，杜甫之於中國詩歌，王維之於中國畫，王羲之之於中國書法，他們接近於完美，於是人們用「聖」這個字稱呼他們。德國文化所取得的水平舉世公認，它的代表人物在人類文明史上占有舉足輕重的地位。歌德之於德國文學，康德之於德國哲學，貝多芬之於德國音樂，他們的地位穩如磐石，不可動搖，甚至連時間這位殘酷的使者也只能抹去他們身上的塵垢，使他們更加熠熠生輝。後繼者踩在他們肩上，應該可以站得更高。但這些大師有如神人，若隱若現，你若沒有登天本領，哪有這麼容易就踩到他們肩上。直到現在，幾乎沒有人在整體上超越他們。一些人在大師來不及開闢的小路上向前摸索了一段路程，但離不開大師如燈塔般的指引和照耀。叔本華和尼采走出了新路，但與康德的大道比仍是小徑；華格納發展了浪漫主義音樂，但與貝多芬浩蕩的長江大河比，只算是支流小溪；在文學上代有人才，但與奧林匹斯山上的宙斯——歌德相比，其他人仍只是各有特長的小鬼小巫。這種現象可以說是人文領域裡司空見慣的現象，我們可不能被偏狹的進化論思想遮住了眼睛。

　　貝多芬（一七七〇～一八二七），人們視他為「樂聖」。他既是古典主義音樂的頂峰人物，又是浪漫主義音樂的偉大先驅。關於貝多芬的偉大成就，我們無法在這裡概述。我們只能舉一個例子，以見其偉大的思想、感情。貝多芬的《第九交響曲》（即《歡樂頌》）是他晚年的力作。套用一句現在說得很濫的話：「陳寅恪是教授中的教授，貝多芬的《第九交響曲》是音樂史上經典中的經典。」它的主題是表現歡樂。如果說在

・貝多芬（1770—1827年）

文學上，窮苦之辭易好，歡樂之辭難工，在音樂裡似乎並不存在這條規律。表現歡樂的音樂在古今中外，都有不少成為傳世佳品，其中以貝多芬的《歡樂頌》最為著名。

貝多芬的《第九交響曲》採用席勒的名詩《歡樂頌》作為最末樂章的歌詞，真是珠連璧合。席勒的《歡樂頌》這樣寫道——

歡樂啊！群神美麗的火花，
來自極樂世界的姑娘！
天仙啊！我們意氣風發，
走進你神聖的殿堂！

無情的時尚隔開了大家，
靠你的魔力重新聚齊，
在你溫柔的羽翼下，
人人都互相結為兄弟！

　　席勒的《歡樂頌》作於一七八五年。關於作詩的緣起，有兩種說法。一種是：席勒貧困潦倒時，獲得克爾納精神和物質上的幫助，使他得以安心寫作，故作此詩。另一種說法是：席勒曾救助一名走投無路，憤而跳河的神學院學生。幾天後，在一次喜宴上，他對賓客談起此事，大家都慷慨解囊，故作此詩歌頌歡樂和人道主義。

　　貝多芬的《第九交響曲》作於一八二四年。在近四十年後，兩位大師詩心、樂心相通，本身就足以使人生發無窮的感慨；聯想起貝多芬一生的磨難和痛苦，但仍以「歡樂」結尾，包含著對人類的期許，更投射出樂聖人格的崇高。

　　這首交響曲一八二四年五月七日在維也納首演，盛況空前。貝多芬一出場，觀眾五次擊掌歡呼──對皇族的敬禮，通常也不過三次。羅曼・羅蘭在《貝多芬》中寫道：「當歡樂的主題初次出現時，樂隊忽然中止。出其不意的一片靜默，使歌唱的開始帶著一種神祕與神明的氣概。不錯，這個主題的確是一個神明。『歡樂』自天而降，包裡在非現實的寧靜中間，它用柔和的氣息撫慰著痛苦；而當它溜滑到大病初癒之人的心坎中時，第一下撫慰是那麼溫柔，令人就如貝多芬的那個朋友一樣，禁不住因『看到他柔和的眼睛而為之下淚』。當主題接著過渡到人聲上時，先由低音表現，帶著一種嚴肅而受壓迫的情調。慢慢地，『歡樂』抓住了生命。這是一種征服，一種對痛苦的鬥爭。然後是進行曲的節奏，浩浩蕩蕩的軍隊，男高音熱

烈急促的詠歌，在這些沸騰的樂章內，我們可以聽到貝多芬的氣息，他的呼吸，與他受著感應的呼喊的節奏，活現出他在田野間奔馳，作著他的樂曲，受著如醉如狂的激情鼓動，宛如大雷雨中的李爾老王。在戰爭的歡樂之後，是宗教的醉意，隨後又是神聖的宴會，又是愛的興奮。整個人類向天張著手臂，大聲疾呼，撲向『歡樂』，把它緊緊地摟在懷裡。」

貝多芬的《歡樂頌》連同他的其它經典作品，一百多年來長盛不衰，歷久而彌新。音樂真是一項不朽的事業，它感動和鼓舞了多少人的心靈啊！其實不止是音樂，其它的文化事業也都是如此。這讓我聯想到一個老問題：只有在這個前提下，才可以談知識分子的尊嚴與價值。德國歷史上無數不可一世的君主、豪門人物，今天我們誰還會想起他們？他們統統加在一起也頂不了一個貝多芬。

三則故事，一個英雄

I

貝多芬的《第三交響曲》又叫《英雄交響曲》，曲調雄渾悲壯。作品通過大膽的構思和獨特的結構設計，突破了海頓和莫札特的創作框框，是浪漫主義音樂的標誌性作品，歌頌了一種理想主義和英雄主義的精神。貝多芬如火的熱情和大膽自由的想像與法國資產階級革命時代的感情水乳交融。這首交響曲最初是題獻給拿破崙的。在貝多芬看來，拿破崙是年輕法蘭西共和國的保衛者。貝多芬熱愛和平與自由，歡呼法國大革命的

爆發，於是產生了奉獻給拿破崙一部作品的念頭。

　　一八〇四年，貝多芬完成了他的《英雄交響曲》。全曲四個樂章，描寫的是一位偉大的英雄，他為自由所進行的鬥爭。貝多芬在扉頁上恭恭敬敬地寫著──「獻給波拿巴」。但是，當他聽到拿破崙稱帝的消息之後，便毅然撕毀了原來的獻詞，改題為──為紀念一位偉大人物的英雄交響曲。在貝多芬看來，拿破崙稱帝，就不再是英雄了。貝多芬說：「他已經背叛了共和國！這個渺小的人，他就是要來踐踏人類的一切權利！為了滿足自己的虛榮心，他把自己凌駕於所有人之上，還將成為一個暴君！」

II

　　如同在音樂創作中一樣，日常生活中，貝多芬也表現出對專制主義的痛恨和對皇族的不屑一顧。貝多芬和歌德是那時代的兩位巨人。但有一則廣為流傳的故事，說明了他們兩人之間的差異。一次，他們倆漫步時，路遇女皇和其他皇族。貝多芬說：「勾住我的胳臂！他們必須給我們讓路，我們無須讓他們。」當貝多芬交叉著雙臂，從皇族身旁走過時，只是稍稍推扶了一下帽子。歌德卻在路旁停下來，深深地彎著腰，帽子拿在手裡，態度必恭必敬。皇族走過之後，貝多芬停下來等待歌德，然後對他說：「我等待您，因為我尊敬您！可您尊敬那些人也太過分了！」

　　歌德和貝多芬都是德國的偉大藝術家，兩人的思想卻有不少差異：貝多芬激進，具有反抗、叛逆的精神；歌德平和，對現存的秩序儘量配合。貝多芬一生對啟蒙運動及其思想──自由、平等、博愛，熱情始終不渝。在一八一九年的談話錄裡，貝多芬甚至預言：「五十年內，世界上到處都是共和國。」以

致羅曼・羅蘭說：「貝多芬是偉大的自由之聲——也許是當時德意志思想界唯一的自由之聲！」

III

一八○九年，拿破崙侵占了大片德國領土，貝多芬只得四處避居。後來他住進他的朋友李希諾夫斯基的莊園。李希諾夫斯基是一個有影響力的公爵，有時不得不招待一些法國軍官。這些法國軍官大都頗有教養，他們愛好音樂。一次，李希諾夫斯基希望貝多芬彈琴助興。貝多芬勃然大怒：「閣下，您盡可以用牡蠣、螯蝦和托凱酒款待他們，但決不能用貝多芬。」當天貝多芬就冒雨離開了李希諾夫斯基的莊園。他甚至是不辭而別，只留下這樣一張紙條：「公爵！您之所以成為您，靠的完全是您那偶然的出身。我之所以成為我，靠的則是我自己。公爵成千上萬，而貝多芬永遠只有一個！」

離開時，貝多芬抱著一疊樂譜，它就是《熱情奏鳴曲》。百多年後，珍藏在法國巴黎音樂學院圖書館的樂譜上，還可以看到水漬浸濕過的痕跡。

北斗七星

德國人在文化上的成就真是無與倫比，很多領域都在他們手中發展到一種絕頂的高度。他們似乎懷著宏願！「只要我們德國人搞過的東西，別人需要做的就是讚嘆！如果你十分有才能，那也只能拾遺補漏，另闢一些狹窄的小徑。」他們都是高山。用李白的話說，就是「危乎高哉」。德國人在思維方面，以他們的哲學和科學為代表。大概不管你在世界上的哪個角

落，只要進過學堂門，總會聽過康德和愛因斯坦。對於我們這些凡夫俗子來說，他們彷彿是古希臘半人半神的「神人」。

　　但是，一直以來，似乎存在著一種聲音，說德國人都是一些喜歡推理的怪物，在情感的深刻方面似乎略遜一籌。在這些人的潛意識裡，大概思路是這樣的：「人無完人，哪能讓你兼美！連希臘的神都有弱點，你德國人能沒有嗎？」德國人當然有弱點，但氣門不在這裡。在這裡，德國人仍是無與倫比的。別看法國人喜歡玩浪漫，在情感的強度方面，他們是比不過德國人的。這一點，只要提到歌德、貝多芬就夠了。然而，當我們稍微仔細一點時，就會發現歌德、貝多芬並不孤立，他們是群賢中的兩個，是群山之中的兩座高峰。的確，我們很少看到平原上孤峰突起。

　　十八世紀，更確切地說，從一六八五～一七九七年，德國的音樂界出現了群星璀璨的局面，人們所熟知的德國七位音樂大師就出生在這一百年多一點的時間裡，彷彿是上帝恩賜給德國人，以補償他們所受到的苦難。這段時間，德國的大小諸侯因貪婪權勢，爾虞我詐，把國家搞得四分五裂。他們巧取豪奪，爭做太陽王，民生凋蔽也就順理成章。

　　這七位音樂家，個個光彩奪目，一起聯成北斗七星。他們一個接一個，每一個都卓爾不群。舒伯特如油油泉水，海頓似春日紛飛的細雨，莫札特像快樂的小溪，格魯克宛若深邃的湖泊，韓德爾形同飛流直下的瀑布，巴哈可比長江大河，貝多芬則是浩瀚的大海。德國是如此得天獨厚，也許只有一四五〇～一五五〇年的義大利文藝復興時期可與之比擬，那時達文西、米開朗基羅、提香等也是這樣魚貫而出。這種連續性真是妙不可言，像祖母的一枚枚戒指，被一代代傳承下來。韓德爾傳給格魯克，格魯克傳給海頓，海頓熱愛他的學生莫札特，莫札特

深為自己的學生貝多芬的天才感到驚訝，而貝多芬臨死前，對舒伯特高度評價，把戒指傳給了他。一個千年來長期鬆鬆散散的國家，一旦出現這樣的聯結，不管這種聯結是否轉瞬即逝，該是多麼令人感動啊！

這七位大師，只有韓德爾的家庭稍微富裕些，其他都出生在貧困家庭，說明德國音樂思想來自很深的底層。七位大師都歷經磨難，受盡屈辱。他們在經濟上依賴於貴族、諸侯的贊助，即使成名之後，也還是這樣。那些貴族、諸侯常常利用微薄的薪金，占有音樂作品的壟斷權，或者至少在數年內占有了這些作品的演出權，在這期間，這些作品不得出版。據說貝多芬曾二十多次侵犯了他的出版商及贊助人的版權，因為他常常忘記什麼作品已經出售了。這些無聊的貴族倒是很早就懂得保護版權呢！

在這種情況下，七位音樂家有不少辛酸悲慘的故事。最典型的要算莫札特。莫札特少年成名，個性活潑歡快，但也格外敏感細膩。在他臨死前幾個星期，一名匿名人士要莫札特寫一首《安魂曲》，催得很急。莫札特感到身心疲憊，寫得非常艱難。他常常陷入沉思，不知這神祕的陌生人是真的要買曲子，還是神派來暗示自己生命即將結束。到他生命的最後一刻，他對身邊的朋友喃喃地說：「我不是說過嗎？這個曲子是為我自己寫的。」當然，莫札特真正的死因絕不是神的暗示。人們普遍認為，莫札特死於貧困及因此引起的疾病——他同薩爾茲堡大主教決裂後，一直過著乞丐般的悲慘生活。他只活了三十六歲。

最是時裝不自由

　　人們每天用在臉龐、身體、頭髮上的心思，大概超出我們一般人的意料。這當然是源於人的愛美之心。人們常說：愛美之心，人皆有之。跟「食」「色」一樣，「美」可說也是人性的一部分。「美」當然有不同的種類、層次。有人稱讚大自然壯麗的景色；有人欣賞人性的優美與崇高。人們在生活中的打扮、化妝當然也是愛美的表現。可以毫不誇張地說，服裝、化妝、髮型不斷變化，就是人類追求美的過程。同時，服裝、化妝、髮型的不斷變化構成一種「時尚」。

　　「時尚」包含的東西很多——它可以指走路的姿態，也可以是行禮的規矩；可以說是一句妙語，也可以是一種媚人的姿態；可以是招待客人用餐的方式，也可以是配戴的飾物。它當然經常指服裝及頭髮的式樣。時尚的變化類似於經濟學上所說的「趨勢」——經濟學家從物價逐日變化這一不規則的運動中總結出某種趨勢。

　　服裝的經常更替，形成時裝。表面上看，時裝的行動完全自由，可以隨心所欲地變化。實際上，它的道路是事先規定好的，它的選擇範圍也有限制。時裝的演變過程屬於文化轉移的範疇。一種能普遍接受的穿著方式，必須經過一段時間的醞釀，遵循某些帶強制性的規律，同時也反映社會的變化，特別是人的心理變化。

　　十八世紀，一切都加快運動，活躍起來，時裝當然也耐不住寂寞。六十年代，一種用裙環撐開的裙子在德國變得十分流行。這種裙子在某種意義上，可算是德國的民族服裝。在十六世紀，勃艮第的貴婦普遍都穿這種長裙，魯本斯還為我們留下了穿這種裙子式樣的貴婦畫像。十八世紀初，這種裙子在巴黎

也曾風行一時，但不久就絕跡了。它對臀部的輪廓進行了誇張的表現，使人很自然地想到原始人那種用肥大的臀部美化婦女形象的方式。這種裙子無疑表現了婦女旺盛的生殖力。它體現了一種女性意識的覺醒，是對這種意識的誇張表現。

十八世紀，在整個歐洲，這種女性意識的覺醒是時代的標誌。十八世紀的貴婦熱中於扮演初產媽媽的角色。她們故作姿態地炫耀自己的嬰兒。例如：她們故意在社交場合遲到，目的只是為了能向女主人表示歉意，用所有在場者都能夠聽得見的輕聲細語，說她在此以前還得給孩子餵奶。「您知道，真沒辦法！」最後她們說。還有一個更為著名的例子是：安托瓦內特王后經常在她具有田園風光的農莊裡招待客人喝牛奶，盛牛奶的小杯子，形狀就是仿照她可愛動人的乳房燒製的，而且逼真到令人吃驚的地步。

與這種裙環撐開的裙子相配合，人們盡可能把髮式立體型地向上升高。這種高聳的髮式在一七七〇～一七八〇年間經常超越頭型的三倍。這樣一來，這種向上發展的髮型與巨大擴張的裙子就取得了平衡。我們知道，日耳曼民族一直有尊重婦女的傳統，在這種傳統影響下，女人被拔高成超過現實生活的巨大形象，成為受人崇拜的偶像。

有人說，輕佻淺薄決定了時裝的式樣；有人說，時裝是一部分人標新立異的產物，由於受到模仿者的壓力，帶頭人不得不向前猛衝；有人說，時裝是經濟繁榮的表現。這些說法都有點道理，但是，輕佻淺薄、標新立異並不成為規律。當然，沒有經濟繁榮的前提，任何事物都不會變得那麼快。時裝就像一種新的語言淘汰舊的語言，它決不是隨心所欲的。雖然由於歐洲大陸本身的特性，服裝在整個歐洲越來越趨於同一，但服裝的傳播有時還是會遇到阻力，有時也需要變通。最終形成了若干相互影響的民

族服裝：德國服裝、法國服裝、義大利服裝等等。至少到十九世紀為止，歐洲的服裝呈現出五光十色的樣態，雖說人們也經常樂於承認某地區的領導地位，仿效那個地區的服裝。

現在米蘭、巴黎的時裝真是全世界通行無阻。那些富人和善變的時裝之所以裝模作樣地自命不凡，因為窮人也在觀看他們的表演，鼓勵他們做出最荒唐的行徑。雖然時裝年年在變，卻不能真正左右整個社會的風尚，因為不管風箏飛多高，卻仍有一根線牽著。

感性的哥特式

哥特人作為日耳曼人的一支，是滅掉了西羅馬帝國的急先鋒。義大利人一直耿耿於懷，為了報復，他們稱哥特人為蠻族。「哥特式」這一術語，最先是義大利人使用的，用它作為對野蠻人藝術的蔑稱。後來一直沿用，用來指一種藝術風格，特別是指中世紀的一種建築風格。這種建築從它所表現出來的特點看，稱為哥特式是十分恰當的。的確，這種建築包含的新因素，可以肯定地說，是日耳曼人帶來的。

隨著十字軍的東征，很多西方人得以瞥見東方文明。人們開始要求更為廣闊的生活天地，於是他們離開古老沉悶的封建領主莊園，建立起越來越多的新興城市。這些城市逐漸成為政治、經濟、文化的中心，藝術創作也從狹小的鄉村修道院轉入城市的主教堂（設有主教座的教堂，即一個主教管轄區內最重要的教堂）。主教堂是宗教活動和節慶、婚禮等世俗活動的中心，它們規模宏大，是城市最主要的標誌。在十二～十三世紀，市民們竭盡全力修建主教堂。這些教堂大部分仍然是「羅

．哥特人

馬式」，這種藝術風格統治了十～十二世紀的美術。這是歐洲
走出混亂的黑暗時代，創造的第一種藝術風格。有些教堂具有
與以前的教堂不同的風格，它是「羅馬式」風格的發展。

　　可以說，「哥特式」是一種市民的藝術，體現了一種感性
之美。也許城市世俗生活的盎然生機也使宗教本身開始世俗
化。哥特式建築與羅馬式建築相比，前者具有輕盈、纖細的結
構，後者有著結實厚重的牆壁。哥特式建築通過尖卷和肋拱等

結構方式，使教堂高聳入雲。它刺激著人們的感官，同時也讓人獲得一種超然的宗教體驗。

像「羅馬式」一樣，「哥特式」這個術語，一開始是專指建築格式，後來擴展到雕刻、繪畫等各種美術。外延的擴展過程也就是哥特式美術的發展過程。在這個過程中，各種地方性建築的面貌得到了強調。另一方面，隨著宗教日益世俗化及經濟、文化等方面的發展，教堂日益追求豪華繁縟的裝飾。這方面的變化在雕刻方面表現得尤為明顯，淺浮雕漸漸為高浮雕所取代；多樣化的寫實風格取代了羅馬式雕刻的平面化、變形的

· 哥特式教堂

表現性風格。人們感到作品中宗教情緒漸漸平和了。也正是在這時候，溫和慈愛的聖母成了人們崇拜的對象。雕刻還用於教堂外部的裝飾，彩色玻璃窗畫使教堂顯得光彩奪目。

德國的哥特式教堂數量很多，最著名的是科隆大教堂。它的中堂創下了四十八米高的紀錄，產生了強烈的纖細向上的效果。大廳裡一根根垂直的束柱，向上的動勢就像是一束巨大的噴泉，直衝頂部，透過彩色玻璃窗的陽光灑落在空蕩的大廳裡。這樣的環境把信徒的心靈引向無限，飛升天國。教堂裡的雕刻也讓人難忘，嬌柔優雅的聖母，洋溢著人與人之間的溫情。

蠻族的藝術

雄才大略的查理曼在接受教皇的加冕以後，當上了「羅馬人的皇帝」。他在修道院和主教管區內創辦學校，廣泛地召集學者、僧侶謄抄和研究羅馬時代的文化典籍，掀起了一場具體而微的文藝復興，人們稱之為「加洛林的文藝復興」。這場文藝復興不僅涵蓋學術領域，也牽引著藝術的勃然奮揚。但阿爾卑斯山山後的「蠻族」不可能完全複製出一個地中海世界，日耳曼人的古老藝術必定會為這場復興增添新的血液。日耳曼人有自己傑出的手工匠和古老的藝術傳統。和地中海人不一樣，他們一直到很晚還是遊牧民族，他們對寒冷的荒原、茂密的森林、遼闊的草原、人跡罕至的沼澤及各種飛禽走獸有自己深入的理解和感受。他們製作的各種寫實或抽象的動物造型，既符合藝術的形式原則，又生氣淋漓。這種獨特的藝術風格，在藝術史上被稱為「動物風格」。

加洛林藝術在手抄本繪畫中得到了最充分的體現，今天人們就是通過抄本繪畫了解加洛林藝術的。當時的繪畫作品實際上已具備兩種不同的風格：一種是寫實的風格，一種是表現的風格。在查理曼大帝陵墓中發現的《加冕福音書》是前一種風格的代表，畫中人物形體結實，神情專注，雖是宗教題材，但似乎確有其人。蘭斯的《埃博福音書》畫的也是馬太，卻有不同的效果，是後一種風格的體現。在這幅畫中，馬太被描繪成處於迷狂狀態之中，與前一種冥思苦想的靜態不同。馬太瞪著眼睛，所有的衣褶似乎由於內心的驚悸而扭曲，如蛇形在身上盤旋；作為背景的山丘也起伏不定，甚至畫框上的葉飾也如火焰般跳動。這讓我們毫不猶豫地想起——「動物風格」，日耳曼人固有的曲線藝術和動感表現。它與寧靜和諧的希臘‧羅馬藝術相比，顯得原始，稚氣未脫；卻更為充滿生氣和靈性。

　　更為著名的是保存在科隆大教堂的《傑羅十字架》。它是一件木雕作品，高約二‧一三米。和以前的基督形象相比，這兒的基督毫無美感——腦袋顯得大而沉，臉部輪廓如刀削一般，胸脯拉得很緊，顯得扁乾，肚子向前突出。總之，其人體不像古典雕刻那樣顯得健康、理想。為了要強調棚緊的藝術效果，整個人體顯得僵硬，如同一具乾屍。然而，它給人強烈的基督獻身的悲壯感，人體的變形極有力地宣洩了這種悲痛。這種表現激烈情緒的方法將長期存在於德意志的藝術中；它作為對歐洲藝術的一項重大貢獻，也將滲透到整個歐洲的藝術之中。日耳曼人的創造性加上地中海希臘‧羅馬的偉大傳統，足以使藝術不斷發展。

不道德的建築

　　「三十年戰爭」使德國人民遭到無窮無盡的災難，貧窮和戰亂讓老百姓心灰意冷。他們夢寐以求的是能過上平平安安的日子。相對來說，貴族受的影響就不大，他們仍然頭戴假髮、身著華裝，過著好日子。德國各種諸侯貴族很多，三十年戰爭毀壞了他們的不少宮殿，這似乎很糟。但舊的不去，新的不來，並且新的會更好。這時候，義大利、法國等地正流行一種新的建築風格，叫巴洛克式。跟以前的什麼羅馬式、哥特式、文藝復興式比起來，這種建築講究裝飾華貴，更適合諸侯貴族們的口味。

　　德國的巴洛克式宮殿和教堂，如柏林的皇宮、德累斯頓的

・巴洛克建築外觀（巴黎歌劇院）

園亭迴廊、邦茨教堂、路德維希皇宮，都是有名的輝煌建築。巴洛克建築的確使建築煥發出新的活力，既富於激情，又不失優雅，既挺拔有力，又明朗輕盈。它那莊嚴典雅的樓梯，那盤旋而上的氣勢是多麼接近巴哈賦格曲的旋律啊！

艾米爾·路德維希在《德國人》中這樣描述這種建築：

「這是為那些達官貴人設計的，他們步履瀟灑、衣著華麗，男女隨從前呼後擁，色彩繽紛。特別是黑人奴僕，個個穿著雪白筆挺的制服。這些建築需要和這種氣派相協調，才能烘托出它高尚的地位。建築師們在房檐上雕飾出五顏六色的鮮果和花束，陽台上對稱的漩渦紋飾以及曲徑和花園等處的鐵欄柵，把統治者對生活的貪欲表現得淋漓盡致。代替房柱的是體格健壯的天奴石雕。身披輕紗，雙手端著沉重之豐碩果實的女性石雕，懶洋洋地佇立在台階上或門口的壁龕之內。樓梯的欄杆由愛神丘比特掌著燈。每個建築物都自然形成一件完整的藝術品。半露柱、壁柱、構架和門窗都成了神話傳說中神靈與珍禽異獸棲身的地方。這些神靈或倚或躺，或振翅翱翔。這些建築無一不和諧絢麗，使人們看後為之精神一振。再也沒有比德國在石雕上表現出來的想像力更豐富美妙的了。」

巴洛克教堂也是富麗堂皇的世俗氣派。德國的巴洛克藝術摒棄了聖徒的苦行主義，神職人員披著繡袍，站在金碧輝煌的祭台旁邊，駿馬、丘比特、雄獅和天使從圓頂教堂的天花板上向他們飛撲下來。只有那些沉重、簡樸的靠背長椅還在提醒人們，在輝煌絢麗的教堂裡，還需要一些普通的禮拜堂。

巴洛克式作為一種藝術風格，在歐洲持續了約兩個世紀，

大約從一五五〇～一七七〇年。巴洛克風格影響了文化的各個領域，如文學、哲學、建築、音樂等等。甚至我們可以說，當時存在一種巴洛克式的生活。從十六世紀起，人們越來越講求享受。這方面以宮廷最為特出。貴族們衣著華麗，喜好虛飾，最典型的莫過於使用假髮、假辮，在社交場合講排場、講虛榮。人們在生活中大量使用中國磁器，家具的雕飾也趨向複雜，椅子把手上綴有雕花，襯褥墊座上帶有刺誘。追求摩登，喜好虛飾似乎是巴洛克式的生活風尚，這種生活方式真正體現了豐富感性的一面。

巴洛克詩歌大都寫得感傷。讓我們讀讀巴洛克詩人格呂菲烏斯的一首詩——

你注目所向，只見到地球上的虛榮。
今日此君所建，明天為另一位所毀。
今天城市所在，明天將成為一片草原，
草原上一群牧童和羊群逗趣。

如今繁花似錦，不久將遭踐踏，
今天如此矜持自負者明天將成為灰塵。
沒有任何永恆的事物，無論礦物也無論大理石。
眼下幸運朝我們笑視，不久苦難之聲如雷。

崇高事業的榮譽像夢一樣消逝。
時間運轉，無憂無慮的人類是否永存？
啊！這一切，我們都視之為精緻可貴。
如同無謂的虛妄，如同陰影、灰土和風塵，
如同一朵草原之花，人們再不會發現它們。

・巴洛克建築內部

什麼是永恆，願意注視者還有幾人！

巴洛克詩歌的這種感傷情緒，讓我們想起古詩十九首裡的詩句：「生年不滿百，常懷千歲憂。」「人生忽如寄，壽無金石固。」

巴洛克風格既有一種享樂主義傾向，又充滿了對生命無常的感慨——這大概是巴洛克藝術的生命意識吧！

演說的魅力

演說是一門綜合藝術，它對演說者的要求是多方面的，自信和感情充沛最主要。德國歷史上有很多偉大的演說家。

施萊埃爾馬赫（一七六八～一八三四年），德國著名的神學家和哲學家。他本來是個一本正經的青年，後來成為一個浪漫主義者。他被認為是「路德以來德意志人第一個偉大的政治傳道士」。從一八○四～一八一五年，在反對拿破崙的鬥爭中，他像軍隊在戰場上作戰一樣，在布道壇上作戰。他的布道被認為是布道史上最熱情洋溢的布道。他的一個同時代人給我們留下了一段激動人心的文字，描寫了施萊埃爾馬赫在一些青年士兵出征前向他們致告別詞的情況——

〔艾萊特說〕「在擁擠不堪的教堂裡，在莊嚴肅穆的氣氛中，響徹了他那洪亮、清晰、打動人心的聲音。他以真誠的喜悅和堅強的信念激勵著每一顆心，他的滔滔不絕，強有力的演說控制住每個人的思想、感情……他的整個布道有如江水奔流，每一個字都迸發自時代，而又是為

了時代。他用火一般的熱情對年輕新兵們講完了話，隨即把話鋒轉向他們的母親。最後他說：『願上帝賜福給你們生出這些兒子的身體，願上帝賜福給你們給這些孩子餵奶的乳房。』這時，全場的聽眾激動萬分，在大聲嗚咽和哭泣聲中，施萊埃爾馬赫念出最後一聲阿門。」

費希特的演講也是盡人皆知的，《對德意志民族的演講》大概是這位哲學家著作裡影響最為深遠的。他通過比較德意志人與非德意志人，德意志文化與非德意志文化，為振奮德意志民族精神起了很大的作用。他的演講甚至漂洋過海，在我國抗日戰爭之際，為中國人民團結抗日發揮了作用。

令人尷尬的是，德國歷史上最偉大的演說家，如果只考慮效果，恐怕要算是——希特勒。人們甚至認為，希特勒是作為一個演說家而獲得榮譽和權力的。的確，希特勒既不是一個出色的組織者，也不是一個軍事領袖，更不是一個知識分子。是他那富於煽動性的演說使他成為領袖。

希特勒的魅力基本上是一個煽惑者的魅力。這與性的魅力頗為近似。當他以救世主的身分出現時，他的這種魅力有如歇斯底里傳染病，很多人情不自禁地跟著他瘋瘋顛顛起來。希特勒的演說有兩點最引人注目：第一點是自信，他的自信超過了一般程度。一切的狂妄都與無知有關，如果冷靜審視，會發現他漏洞百出，胡說霸道。但是，狂妄一旦與熱情結合起來，事情就變得棘手了，因為熱情總是具有感染力，何況希特勒不僅僅是熱情而已，簡直是狂熱。狂熱有時來源於對真理的熱愛，但更經常的是來源於信仰和感情。希特勒的腦袋裡沒有真理，他的信仰也十分可疑，但他的感情的確十分脆弱。據說希特勒的性格極易感傷，為一點小事就流淚。像希特勒這種獨裁者，理應長著一雙冷酷無

情的眼睛，應與鑲在殘酷的羅馬皇帝面具上的眼睛一般凶殘。但是，也許是由於遺傳的錯誤，他明顯地有一對孤兒似的眼睛。

　　第二點是希特勒懂得簡單明瞭的效力。據說他有一種才能，可以把一切問題還原到它們最簡單的基礎。他的這種極端簡化是令人震驚的，思想受過訓練的人是決不敢作的。但是，即使是具有嚴密思想的人，在那種瘋狂的氣氛中，也會受到感染。因為人沒法做到在任何時候都充滿理智，而當你的理智一旦放鬆，希特勒就乘虛而入，控制住你。在這一點上，希特勒就像一個巫婆——他的巫術就是演說的魅力。

Chapter 5
哲學家的愛情觀

哲學家的愛情觀

德國的一流哲學家大都沒有令人羨慕的愛情生活，但是，他們過人的智慧總是不停地照耀著愛情，洞悉了愛情內裡的不少奧妙。同時，由於愛情——作為生命裡最動人的部分，離不開個人生命的體驗，哲人的智慧儘管鋒利，卻無法體驗它的美妙，有時還會得出一些離奇的結論。

哲人們對愛情的論述可以稱為「愛情的形而上學」——最具代表性的要算叔本華。

叔本華用生命意志解釋世界，這種生命意志是指一種持續的生命力，它潛伏在理智之下。他否定人的本質在於有知識、有理性，認為知識和理性不過是心靈的外表，真正的本質是意志。他曾有一個著名的比喻：意志「是一個勇猛強壯的瞎子，他背負著一個能給他指路的亮眼瘸子。」這瘸子就是理智。

在生命意志裡，最為生氣蓬勃的要算生殖意志了。他認為，生殖是一切生物體的最終目的和最強烈的本能。因為只有這樣，意志才能戰勝死亡。

他說：「兩性關係確實是一切行為動作無形的中心點，無論怎樣遮掩，它總是到處流露出來。它是戰爭的原因，和平的目的；它是嚴肅正經事的基礎，也是戲謔玩笑的目標；它是智慧的不竭源泉，也是一切隱喻的線索，一切神祕暗示的旨意。」

「我們時時刻刻看見它像真正的世襲君主，精力充沛地坐在祖傳的王位上，從那裡用藐視的目光俯視、嘲笑著那些為了束縛它，監禁它，或者至少要限制它，如有可能就隱藏它，甚至要主宰它，使它顯得只是生命中從屬、次要的東西而做的種種準備。」

生殖意志是如此地處於中心，那麼愛情的位置在哪裡呢？叔本華陰鬱地指出：愛情只是造化施行的一種騙術，因愛情而結婚的人必定生活在悲哀中。

他說：「唯有理智被性衝動蒙蔽的男人才會把矮小、窄肩、肥臀、短腿的人種叫作『嬌美的性別』，因為女性全部的美是同性衝動聯繫在一起的，與其說她們美麗，倒不如說她們是沒有美感的性更為恰當。」

他不是說理智是一個瘸子，意志才勇猛強壯嗎？理智被蒙蔽，算不上什麼稀奇事。這樣一來，人受到性衝動的驅使，總是認為女性嬌美可愛，由愛情引致的婚姻不就可以獲得幸福了嗎？但是且慢，叔本華繼續寫道：

「在這裡也和在別的地方一樣，造化採取了自己慣常的經濟手段。正如雌蟻在受孕之後就失去了翅翼，翅翼在這時候是多餘的，不僅如此，實際上它對養育後代也是一種累贅。因此，女人在生了一、兩個孩子之後，通常也就會失去她的美，這大概的確是因為同樣的緣故。」

女人在生了孩子之後，她的美就會蕩然無存，這跟雌蟻失去了翅翼一樣顯著。於是，緊接著是愛情消失，婚姻不幸。這真是太可怕了！

相反，叔本華認為，由父母安排的婚姻要比愛情婚姻幸福些，因為這樣的婚姻從一開始就沒有愛情，所以也不會失去愛情。而且，這樣的婚姻有其它功利目的做支撐。

叔本華在愛情婚姻方面的這些奇思妙想，很顯然要歸功於他的智慧，但更要歸功於他的睿智決定：終身不娶。雖然他曾說，只有哲學家才適合結婚，但我想，其他的哲學家姑且不說，叔本華顯然不適於結婚！

叔本華說：「崇拜女性是德國人感情用事的產物。崇拜女

性是把情感、本能捧在理智之上的浪漫主義運動的原因。」

看來，德國人對女性有兩種截然不同的態度。這不知是否體現了德國人的智慧！

情感種種

根據亞里斯多德的說法，人的精神活動有兩種：一種是理性，一種就是意志。後來人們逐漸發現，除了理性和意志之外，精神還具有第三個獨立的功能，這就是情感。

一般認為，理性和意志的徹底解放與啟蒙運動有關。我們從康德為啟蒙運動所下的著名定義中可以看出：「要有勇氣用你本人的理性，這是啟蒙運動最基本的原則。」情感的解放也幾乎是在同時發生。德國十八世紀中葉的「狂飆運動」是情感解放的標誌。這當然並不是說，作為情感的表達，在這之前不存在。不言而喻，情感是非常古老的東西，有人就有情感。但是，在一般情況下，可以這樣認為：在以前的時代，情感是受到排斥的。它常常不能直接名正言順地表現出來，它經常只是伴生現象，如作為對宗教的篤信伴生著強烈的情感。在藝術中的情況更為複雜。可以說，真正的藝術必然需要藝術家情感的投入。沒有情感，也就沒有藝術。但即使在藝術裡頭，情感的表現也並非一帆風順。溫柔慈愛的聖母形象要到中世紀後期，我們才看到。文藝復興之後，情況有很大的好轉，但這時繪畫的大多數題材還是與信仰相關的宗教題材，而不是激起他們情感的現實生活。後來的巴洛克風格出現了許多感性的東西。藝術史家甚至認為，巴洛克藝術大量使用的圓弧線，其實是對女人胴體的描繪。可以說，即使是在藝術當中，情感也是一步一

步，逐漸表現出來的。

十八世紀，人們的情感不知從哪裡蹦出來，一下子排山倒海。人們彷彿突然變得脆弱了，變得十分感傷而且痛苦，這種痛苦引起最深切的感觸和震動。聯想一下歌德筆下的維特，及模仿維特的許多年輕人，我們多少能觸摸到那個時代的一些情緒。我們可以從那個時候的一些書簡中，更明晰地看清人們的情懷。書簡中包含的自由更為直接，不像文學作品可能藏著虛情假意。

福斯於一七七三年寫給博伊厄的一封信具有代表性。信中寫道——

　　9月12日這個日子經常使我潸然淚下。這一天是施托爾貝格伯爵同傑出的宮廷教師克勞斯維茨分別的日子。下午和傍晚還相當高興，間或稍比往常寂靜一些。看得出有些人內心中隱隱流淚。這是最悲痛的表示，我親愛的埃內斯蒂妮，比那些雙頰垂淚的人還要悲痛。小伯爵的臉色挺可怕——他想表現出高興，每個表情卻都是憂鬱的……（晚上10時）我被再三邀請去彈鋼琴。也許音樂能給他人一些安慰，但對我本人來說，我不得不承受全部痛苦的思緒，然後再把它表達出來，這樣，音樂只能給人以更深的創傷……這時候，一切弦顏歡笑都被摧被了，眼淚奪眶而出，歌聲逐漸消失。我們發誓永遠忠於友情，彼此擁抱。這時已經到了凌晨3點。我們在此時不再強忍悲痛，而是設法使自己更加傷心。我們於是再次唱起了告別之歌。

在當時，幾乎每一封信都是帶著淚水的。甚至連內心剛健的莫札特那些經常帶有惡作劇性質的信件也充滿了淚水。在那

個時代，彈琴奏樂和吟詠詩篇，都彷彿只是為了能夠再次在內心哭泣。格萊姆為荷馬作品中垂死的帕特羅克拉斯流下了眼淚，為可憐的維特更是淚湧如泉。

　　　　感情的豐富是友誼存在的重要原因，感傷的時代氣氛是培植友誼的最好土壤。德國作家巴萊特說：「從來沒有一個時代像十八世紀下半葉那樣，淌下那麼多友誼之淚，會由於某一位友人的缺席而如此痛苦又絕望地悲嘆、呻吟和啜泣，會由於他的在場而使人感到如此難以名狀的甜蜜與歡樂。」

　　海因澤在他的《阿爾丁格洛》中向我們描繪了兩位友人是怎樣相識的。就在第一次相遇時，「他迅速擁抱了我。我們兩人長時間默默相望，我們通過眼神、接吻和擁抱而交融在一起。他終於話題重提，說道：『除了我們倆之外，這裡就別無其他了！世界上的其他一切都只是為我們而存在的。』我為他火一般的熱情和充滿激情的言語感到渾身火熱，激動不已。除了感情奔放，令人心醉的詩情畫意般的言語和自然悅耳的聲調外，就再也沒有其他可說的了。美酒和激情使我們兩人心頭熊熊燃燒。直到深夜時分，他勉強離去，並說道：『我們明天再相會。』」數天以後，阿爾丁格洛同他的朋友訂下令人膽顫心驚的生死之交：「這時他拔出一把匕首，捲起左臂的衣袖，刺了進去，讓鮮血滴進酒杯。隨後他把匕首遞給我，而我就像著了魔似的，在一股令人恐怖的力量支配下，充滿熾烈的激情，照樣做了一遍。他高聲宣布：『我們倆的鮮血在此時此刻交融在酒中，情同此理，它也傾注進我們的生命之中，我們的心靈將因此連結在一起……』」

這種友誼也許有點走火入魔，但它讓我們看到了炙熱的情感。在德意志作家中，我們不斷地看到這一主題。席勒的《歡樂頌》「大家都成為兄弟」的呼喚，經過兩百年的風風雨雨，仍然震撼著我們。

蒙田寫過一篇《論友誼》的妙文，文中強調了友誼的非功利性。正像康德強調藝術的非功利性一樣，這種看法無疑是正確的。他似乎認為友誼是道德和理性的產物，並因此斷定，女性不可能懂得友誼。他說：「老實說，普通女人都不能感應這些會晤和密契，兩者都是這神聖之維繫的乳娘；她們的靈魂也不夠堅定，以忍受一種持久又堅實的結合之束縛。真的，如果不是這樣，如果這樣一個自由和自動的親呢能夠成立，在那裡不獨靈魂可以有完全的享受，就是肉體也分享這結合，在那裡，整個人都參加進去，那麼，友誼一定會更豐盈、更完美。但是，女性一直到現在，還不能達到這一點……」

蒙田否定女人有建立友誼的能力，實際上是否定感情是友誼的基礎。在這一點上，蒙田沒有超越他的時代。

我們不是第二性

在進入階級社會前，人類經過了漫長的原始公社制社會。生活在那個時代的人按照血緣關係，組成一個個氏族，有著血緣關係的氏族又組成部落。在很早以前，婚姻很混亂；或者說，只有性和愛，還沒有正規的婚姻。這當然絕不是因為他們已認識到「婚姻是愛情的墳墓」。人類在原始社會的時候，認識水平可沒這麼高。在那時候，孩子通常只認媽媽，不認爸爸。婦女們採集果子，飼養家畜，收穫較為穩定。男人們出外

打獵，收穫就不保險，常常要靠運氣。很自然地，婦女的地位較高。這樣一來，氏族遂按母系組成，族長、酋長、祭司這些美差通常是女性的天下。

這種制度，我們稱之為「母系氏族制」。到了後來，婚姻關係漸漸穩定，人們開始實行對偶婚，從而，孩子不僅認得媽媽，也認得爸爸。更重要的是，隨著畜牧業、手工業和農業的發展，男子在生產中的作用越來越大，原先婦女的重要地位漸漸為男子所取代。這時就形成了「父權氏族制」。

日耳曼人在凱撒和塔西佗的時代，處於母權氏族社會的末期。雖然內部已開始有貴賤之分，但私有觀念還較為淡薄。他們的好客習慣也可以證明這一點。

據《日耳曼尼亞志》記載：日耳曼人對任何不速之客，都不會讓他吃閉門羹，而是盡其家財，熱情款待。如果主人確實無力招待，他就給客人介紹一位東道主，陪同客人前往。新的東道主也並不以此為怪，同樣殷勤招待。就主人的熱情而言，他們對待熟人和陌生人都一樣。每當客人離開，客人要什麼就給什麼，有求必應。同時，主人也毫不客氣地向客人索取禮物。他們不會因為施恩，就想得到人家的報答，也不會因為受到人家的恩惠，就覺得必須去酬謝。

德國人尊敬婦女，重視愛情，一向是有口皆碑。有學者認為，這是日耳曼傳統，它對後來的歐洲文明產生了決定性的影響。那麼，這一傳統是日耳曼人文化的特性，或者只不過是因為日耳曼人脫離母權制不久，所以母權制的殘餘依然存在？

在現代人心目中，誰都會認為父子關係比舅甥關係更親密、更神聖。但古日耳曼人似乎並不這樣認為。根據塔西佗的記載，當日耳曼人要求對方提供人質的時候，認為用對方的外甥做人質比用對方的兒子做人質更為有效。用對方的兒子做人

質，對方違約了，其兒子成為犧牲品，那只是他們父子的事，與他人無關。但如果用的人質是對方的外甥，那麼對方的整個氏族就要對人質負責。還有，一個人死了，遺產由子女繼承。如果沒有子女，那就不僅由自己的兄弟繼承財產，妻子的兄弟也可以參加進來。這些都表現出日耳曼人對母系親屬的重視。

日耳曼人還認為婦女神聖且有先知之能，因而往往在最重要的事情上聽取她們的意見。例如，公元七〇年，有個叫戚維利斯的人領導日耳曼人起義反對羅馬，就是因為聽信一個叫魏勒坦的女祭司所做的預言。這位女祭司預言起義必勝，日耳曼人便揭竿而起。後來起義者繳獲了羅馬人的一艘旗艦，便鄭重其事地把這個巨大的戰利品作為禮物，獻給他們所敬愛的祭司。

在婚姻方面，日耳曼人也顯示出對婦女尊重和平等的態度。在塔西佗時代，日耳曼人訂婚時，先由男方向女方交納彩禮。彩禮通常為一頭帶軛的牛，一匹帶僵的馬，一支弓或一把劍。送完彩禮之後，新娘便過門了。新娘過門時，也帶來一些禮物送給新郎，仍是一些盔甲之類的東西。彼此餽贈的禮物象徵著他們的願望：丈夫要勇敢打仗，妻子要共度安危。他們在打仗時，妻女們往往在陣後袒胸露乳，進行祈禱。丈夫想到陣後妻女面臨淪為奴隸的危險，便勇氣倍增，奮不顧身地戰鬥。據說，日耳曼人有許多次戰役就是在婦女們的激勵下轉敗為勝的。

女士萬歲

周作人曾說：「看一個人見解的高低，最簡便的就是看他

對婦女的態度。」如果我們帶著這個觀點去讀外國書，那麼尼采很成問題，他對婦女的輕蔑已到了無以復加的地步。

尼采在《查拉斯圖拉如是說》裡，不厭其煩地痛罵婦女。他認為婦女現在還不能談友誼，他們仍舊是貓，是鳥，或者大不了是母牛。他說：「男人應當訓練來戰爭，女人應該訓練來供戰士取樂。其餘一概是愚蠢。」他有一句流傳很廣的警語；「到女人那裡去嗎？別忘了帶你的鞭子。」

他總是對婦女充滿輕蔑；雖然有時會表現得溫和一些。在《權力意志》裡，他這樣說道：「我們對女人感興趣，像是對一種或許比較優美，比較嬌弱，比較靈妙的動物感興趣一樣。和那些心裡只有跳舞、廢話、華麗服飾的動物相會是多麼大的樂事！她們向來總是每一個緊張而深沉的男性靈魂的快樂。」但是，即使是這些美質，也離不開男人的管束，否則就會消失得無影無蹤。他說：「女人有那麼多可羞恥的理由，女人是那麼迂闊、淺薄、村夫子氣、瑣屑的嬌矜、放肆不馴、隱蔽的輕率……迄今為止，實在是因為對男人的恐懼，才把這些素質約束和控制得很好。」

尼采這方面的奇談怪論真是比比皆是。好在那時的女權主義還未發達起來，否則這樣大放厥辭，肯定是吃不了兜著走。他的這些胡說霸道，基本上是當作不證自明的真理提出來的。他沒有做理論上的闡明，也無歷史根據。甚至於據研究，他也沒有吃過女人什麼虧。那麼，是什麼使他對女人充滿這麼多的仇恨呢？

我們知道，尼采經常是個自大狂，喜歡做些白日夢。他設計了超乎善惡之上的「超人」，凌駕於一般民眾之上。他認為一般民眾皆是庸碌之輩，把普選制當成劣民統治。他特別反感盧梭，一是因為盧梭的民主政治理論不合他的口味，二是因為

盧梭把女人說得很有趣，容易把人引入邪門歪道。

尼采一直在呼喚英雄，他崇拜拿破崙。他認為，十八世紀一切遠大的希望都來自拿破崙。他自己有時難免粉墨登場，過過英雄癮。他對婦女的那些評價當然就是他把自己想像成英雄時說的。當然，我們知道，尼采不是真的英雄，他只是想做英雄。他的很多話其實只是一種偽裝，想掩蓋的是他個人的怯懦和脆弱！很明顯，他在自己的白日夢裡不是教授，而是一名普魯士軍官。

他所景仰的全都是軍人。他對婦女的評價，和每一個男人所做的評價一樣，是他自己對婦女的情感表現。就他而言，這顯然是一種恐懼的情感。他經常說婦女對男人懷著恐懼。其實，婦女對男人是否感到恐懼，他是不知道的，他知道的是他對婦女深懷恐懼。「別忘了帶你的鞭子！」婦女赤手空拳，你又何必這麼害怕！當然，結果是顯而易見的，婦女們會解除他的鞭子。他很清楚這個結果，所以他盡量躲開婦女，在背後以冷言惡語謾罵一通。君子動口不動手，他覺得這樣很安全，同時可以撫慰他受創的虛榮心。

尼采對婦女的態度容易引起誤會，人們會以為德國人對女人都是如此，因為尼采在很多時候被當作一個典型的德國人？其實德國人對婦女的態度更多地表現在另一面。

歌德的《少年維特之煩惱》是我們最為熟悉的，它描寫的愛情故事曾傾倒了一代又一代讀者。綠蒂的可愛形象包含了德國人對婦女的一般態度。如果我們追溯到中世紀，很多歷史學家已向我們證明，日耳曼民族對歐洲文明產生決定性影響的一個重要方面便是日耳曼人對婦女的尊敬。

一個重要的哥特部落朗戈巴第不尊崇男性神，而崇拜地母。地母這個概念後來出現在歌德的《浮士德》中。書中，地

母是支配地球上一切現象的精靈，是一切塵世的生命力和創造精神的化身，她是「生命的浪潮，事業的狂風。」另一部落將一位名為維拉達的婦女尊為神。正如塔西佗所總結的那樣：「對他們（日耳曼人）來說，女性帶有一定的神性。」

　　中世紀的聖母瑪麗亞崇拜和騎士向婦女獻殷勤的作風也扎根於日耳曼傳統。歷史學家甚至斷言：「現代人將婦女浪漫化的傾向也與這個傳統有關，因為這個觀念明顯地不是古典文化和希伯來文化的產物。」

Chapter 6
德國的顏色

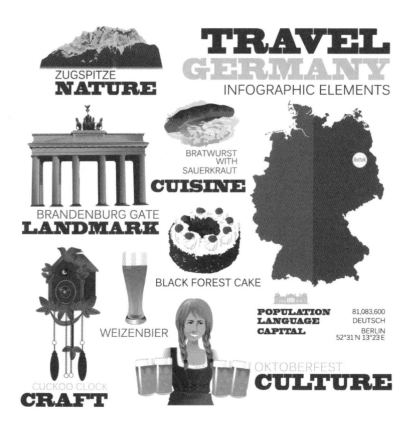

寧願當一名被閹割的土耳其人

在法國大革命之前，統治普魯士的是腓特烈大王。這位大王沒什麼赫赫功勛，按中國人三不朽——立德、立功、立言的標準衡量，他似乎什麼都不沾邊。但他所搞的一套「開明專制」卻浪得虛名，弄得後來的不少德國精英也覺得他很了不起，老是認為在這樣好的制度下，不服從太愚蠢了，德國老百姓像是掉進米缸裡的老鼠，太幸福了。

我們且來看看「開明專制」到底是什麼樣的東西。腓特烈大王寫了一篇《論政體的諸形式》，囊括了他對政體的全部觀點。當然，說的總比做的好。在這篇宏文中，大王不遺餘力地批評了貴族政體和民主政體。

他說：「無論最初把人們聚為團體的人願望怎樣好，這些政府沒有一個能保持完美無缺。為什麼？因為人都不是完人，所以他們的工作也不可能完美無缺；因為公民常常為破壞公益的私利所蔽；而且，歸根結柢，因為世界上從沒有一成不變的東西。」

這段話現在看來也還算正確。只是，把貴族政體和民主政體混為一談顯然有問題，因為民主政體雖然也不可能完美無缺，但它的運作方式，從根本上說，可以做自我調整。

當然，他也並非總是把貴族政體和民主政體扯在一起。他說：「在貴族政體裡，社會主要成員濫用其權威的弊端就是不斷革命的總原因。羅馬的民主政體是人民自己破壞的。平民中盲目的群眾使自己甘為野心的公民所腐蝕，後來，他們被這些野心的公民剝奪了自由，受其奴役。這便是英國所怕的，如果下議院不以國家的真正利益為重，寧願趨於使其降低價值的不名譽的腐化的話。」

我們知道，古代的民主政體以雅典最為典型。雖然在雅典的確出現過民主暴政，如著名的蘇格拉底被控案就是如此，但是，雅典的民主一直是世世代代民主主義者仰慕的對象。雖然它並不完美，但沒有更好的。這裡所說的羅馬民主政體，大概是指羅馬平民選舉保民官出掌權力的事。羅馬在這之前是元老院掌權，屬於貴族政體，之後進入帝制，屬於君主政體了。其實，羅馬人選出了保民官，也很難說實現了真正的民主政體，元老院並沒有消失。歷史上的確有不少人不欣賞民主政體，最著名的如柏拉圖。他的《共和國》就是斯巴達統治的理想化，而斯巴達一直是寡頭政體。

腓特烈在排除了其它政體形式以後，就說到了他心愛的君主政體。他裝出似乎很公平的樣子，指出君主政體可以成為最好的，也可能成為最壞的。

最壞的君主政體根源於君主的性格。他說：第一，君主不能沉湎於女色，否則會為其妃嬪所制；第二，君主不能無能，否則大權落於大臣之手，而大臣往往喜歡標新立異，愚昧無知，這樣君主政體就墮落成貴族政體了。

腓特烈認為君主政體也可能有上面這些壞處，卻並非他著意之所在，這樣說，只是為了顯得他看問題一分為二，好像很深刻。他真正想說的當然是君主政體妙不可言的好處。他認為：實行君主政體就如一隻錶所有齒輪都是為著同一目的而發揮作用，此目的就是計時；君主之於國家，正如頭腦之於人等等。他一切見解的實質仍然是要維護專制制度。他對農民和資產階級做了一些讓步，因而贏得了「開明」的美名。

腓特烈強調國王是「國家的第一個僕人」。看來，他遠比那位「朕即國家」的法國暴君聰明些。究其實，也許只是膽小些，兩者含義並沒有什麼太大的區別。

腓特烈大王生性聰明，且興趣廣泛。他不是思想家，但跟伏爾泰保持密切的聯繫，自稱是伏爾泰的老板。伏爾泰自然也樂得有這樣的老板，因為他對法國人非常慷慨。他還寫詩，並且親自主持一座相當好的歌劇院。但不論是藝術還是思想，他似乎都缺少最重要的工具——他的法語和德語都很糟。他贊同君主政體，但經常攻擊馬基維利。他認為自己有著法國式容忍的美德。但是，在他的遺囑裡，他寫道：「（德國人）這個民族沉重又偷懶，一定要手執鞭子趕著，他們才會向前走。只要你稍微停下鞭子，他就會止步不前。」這也算是大王最後露出的馬腳。凡是專制者，都有這樣的想法，只是大多數時候他們會藏掩著，正如猴子爬樹時都會露出它紅紅的屁股，不爬樹時也照樣存在。一百年後，當鐵血宰相俾斯麥看到國王這份未發表過的遺囑時，他批註說：「鎖起來，永久密封。」

　　文克爾曼異常憎恨腓特烈大王。他談到他的一位友人（他懷疑這位友人已經死去）時寫道：「這對於他本人和對於所有在這個不幸的國家（普魯士）呼吸沉悶、窒息之空氣的人都是最好不過的事。」他認為，「一個自由的瑞士人必定會比詛咒西伯利亞更甚地詛咒這個國家。」他在一七六三年致蘇黎世的烏斯特里的信中說：「當我想到普魯士的專制統治和那個虐待各國人民的暴君時，就不禁感到從頭到腳全身發麻，因為這個人將使這個已被大自然所詛咒、弄得荒蕪不堪的國家不齒於人類，並將遭受永恆的天譴。我情願當一名被閹割的土耳其人，也不當一個普魯士人。」

　　不知腓特烈大王看過文克爾曼這段話沒有？似乎沒有，否則他定會氣炸心肺而死。

民族主義的顏色

　　德意志的民族主義是法國大革命和拿破崙戰爭刺激的結果。至少可以說，它是在這個時候逐漸形成和發展起來的。粗略地說，它包括兩個階段：首先是文化上的民族主義，這種民族主義是德意志民族覺醒的標誌。它與浪漫主義結伴而來。德國浪漫主義是深刻而複雜的，它涉及到文學、政治、社會等各個方面。強調民族精神，激發民族活力是浪漫主義運動的努力目標之一。其次是政治上的民族主義，這種民族主義與反猶太主義、種族主義結合在一起。它的直接對立面似乎是大一統主義，其實，它的精神實質更與自由主義大唱對台戲。這兩個階段並非涇渭分明，有時候會表現為民族主義的兩個方面。所以，我們說民族主義是一柄雙刃劍。政治上的民族主義表現了濃厚的德意志特色。可以說，在英、法等國家，自由主義、人文主義一直是近代文化的大傳統，唯有德國，這一傳統卻是那麼薄弱，它若隱若現，斷斷續續，像一層稀薄的空氣，由於引力不夠，隨時都會逃逸。

　　德意志的民族主義經常走向狹隘極端的形式，這裡面肯定是因為兩方面的原因：一是因為德國遲遲未獲得統一；二是在德意志的傳統裡，缺乏民族主義這樣東西，人們一旦發現它珍貴無比，就容易採取極端的形式加以強調和挖掘。在法國大革命之前，作為德意志民族外殼的神聖羅國帝國只是個影子。在人們的意識中，只有小邦國，只有歐洲，很少有德意志。貴族社會以採用外國風尚、服裝、禮儀、生活方式、觀念和語言為榮。英、法等國很早就建立了民族國家，法國大革命更提供了民族團結的範例，它所激發的巨大的民族活力使德意志人目瞪口呆，欣羨不已。拿破崙作為一個革命者，他的《拿破崙法

典》宣告了各民族的自由、平等；同時，他又是一個貪得無厭的掠奪者。這從正，反兩方面都激發了德意志的民族意識及民族主義運動。

反對拿破崙的戰爭勝利之後，德意志人走上追求統一的漫漫長途。學生總是最敏感且最積極的力量，一些大學紛紛成立了大學生協會，目的是提高德意志青年的道德，力圖消除他們對各小邦的忠誠，燃起民族主義的熊熊火焰。

體育之父雅恩是這一運動的積極領導者。他組織體育協會，要求德意志青年為了祖國而增強體質，提高愛國心。他的主張混合著理想的道德和粗鄙的無賴作風。他規定其追隨者都穿灰色襯衫，目的是打破階級界線。二十世紀臭名昭彰的褐衫黨，顯然是從雅恩的作為中獲得靈感。他還鼓勵他的追隨者闖進大學課堂，不讓他們所認為的反民族的教授繼續上課。

一八一五年，耶拿大學的大學生協會用紅黑兩色作為其旗幟的顏色。旗幟上有紅、黑、紅三個條子，中間是金色的橡樹枝。採用呂措夫軍團的制服——紅色翻領，飾以金色橡樹葉的黑色上衣。這就是後來代表德意志民族主義運動的顏色——紅、金黃、黑三色的來源。有人曾仔細研究了這一運動，認為大學生協會之所以採用呂措夫軍團的顏色，是因為他們很多人曾在這個軍團服役。

這一民族主義的顏色與昔日帝國之間的聯繫盡可以是虛構，在本世紀，這種顏色的制服至今仍令人心有餘悸卻是不爭的事實。

顏色可以代表和刺激人的情緒：紅色使人聯想起血與火，還有激情；黑色則給人幽深、玄奧的感覺。這兩種顏色暗示了德意志民族主義的某些特點，既熱情澎湃，又深不可測。至於採用金色的橡樹葉，簡單地說，因為它是日耳曼民族的一個圖

騰，是古日耳曼人神話裡至關重要的一個母題。對此，我在「金枝」一節裡已詳細討論。

在歐洲大陸，英、法等國很早就建立了自己的近代民族國家，並分別於十七、十八世紀完成了民主革命。但德意志到了十八世紀上半葉，仍然處在四分五之裂中。德意志神聖羅馬帝國由於拿破崙的干預，很不光彩地退出了歷史舞台，實際上也可以說是氣數已盡，壽終正寢。反抗拿破崙的戰爭取得勝利之後，國家統一的問題順理成章地提上歷史日程。

然而，在如何實現統一的問題上意見分歧。對一些人來說，把基督教大一統主義和德意志霸權結合在一起的神聖羅馬帝國傳統繼續引起幻想。說這是一種幻想，指它所表現的大一統思想與現實存在的巨大矛盾，特別是它與時代潮流脫節。不過，這種統一的方式也有它較為現實的一面，因為這一安排可以把奧地利包括進來。我們知道，德意志境內包括數百個獨立王國，其中，普魯士與奧地利起著舉足輕重的作用，它們的矛盾是實現德國統一的最大障礙。當然，如果把奧地地包括進來，也會出現新的難點。這是由於在奧地利帝國內有很多非德意志人（主要是斯拉夫人），不符合十九世紀建立民族國家的原則。民族主義的原則在德意志人和斯拉夫人當中都有很大的市場。於是就自然產生了國家統一的第二種主張，這種主張建議建立一個清一色的德意志人國家，排除斯拉夫人。奧地利統治集團顯然不會同意這個計畫。第三種計畫是搞三國鼎立，即把德意志建立成一個邦聯國家，主張成立三個加盟邦——奧地利、普魯士和一個由德意志其餘各邦組成的邦。這三種統一的方式都各有一些熱烈的鼓吹者，但都是坐而可言，起而難行。德意志人的思想總是容易脫離實際，他們以極其個人的方式沉迷其中，較少顧及它的現實可能性。尤其是在社會政治方面。

其實，德意志的統一只有一條路，這條路也許讓人有些失望，但它離理想遠，離現實近。早在一八一三年，克勞塞維茨就曾寫道：「德意志實現政治統一的道路只有一條，那就是通過劍，由一個邦支配其餘所有各邦。」

寫《戰爭論》的克勞塞維茨，讓我想起我們戰國時代的縱橫家，他們有時急功近利，但常常一語中的，石破天驚。眾所周知，他的這一觀點最終獲得了最後的勝利。我們不得不佩服他的眼光。在當時，普魯士還不是很強大，普魯士運動此時仍然軟弱，甚至普魯士的君主也還沒有真正的自信。普魯士和奧地利的較量難分軒輊。也許克勞塞維茨也並沒有真正感覺到普魯士必然可勝任霸主之位，只是，憑他的理論，歷史就是這麼殘酷，不是你吃掉我，就是我吃掉你。和則兩利，鬥則兩傷，這需要現代的政治智慧，當然不是近兩百年前的克勞塞維茨所能通曉。各國的君主則更遑論矣。

費希特的演說

德國的「民族運動」在發軔階段無疑是一股進步的潮流，它的直接榜樣就是法國資產階級大革命。然而，拿破崙大軍的到來改變了這一切。隨著拿破崙揮師北上，結束了「神聖羅馬帝國」，將三分之二的德意志領土置於他的統治之下。在德國人看來，拿破崙已經不是資產階級進步思想的象徵，而是直接代表了野蠻和征服、奴役和剝削——這種看法完全合情合理。再先進的思想，再合理的願望，等到藉由鐵蹄踏上別國領土，其合理性立刻煙消雲散。作為一場由知識分子發起的運動，德意志「民族運動」從一開始就帶有當時德國知識階層的思想烙

印。德國當代著名歷史學家塞巴斯蒂安‧哈夫納在他的著作《從俾斯麥到希特勒》中，這樣評論當時德國知識分子的思想：「其時混雜了兩種完全不同的感情：一是對法國人絕對仇恨，（『這再也不能發生在我們身上了！』）二是希望效法國人之法（『我們也要像法國人一樣！』）……當時的口號是：向法國人學習，學習他們今天用來對付我們的一切，最終以牙還牙。仇恨和崇拜就這樣完全交織在一起。」

　　一八〇六年的一天，在淪陷的柏林，一個德意志學者在一個燈光昏暗的俱樂部裡，對公眾發表演說。當地的法國駐軍以為這不過是一個學者的空談，並未多加留意。豈不知這次演說並不平常，影響深遠。這就是費希特（1762-1814 年）對德意志國民的演說。這次演說引起了轟動，原因在於演說者以滿腔熱誠，向已淪為亡國奴的同胞指出：

　　「本演說中，主張以教育為法，造成新時代之人物……吾人當證明德意志人種之本質為何，即德意志人種自墜地以降之特性如何。目前所遭值之命運則置而不論可也。吾所欲言者：德意志人惟具此特性，故能受此新教育，其他歐洲民族莫能及焉……

　　「外國之天才家猶神女焉，緩帶輕衣，飛舞於庭園花草之上……至於德國精神，則鷹也，兩翼廣動，縱身天際，直達於蒼穹之最上層，且欲逼近太陽之光，以彼所欲凝神注視者即此陽光也。

　　「宗教革命，可以表現德意志人種之特性……德意志自宗教改革後，對於外國，有永久而普遍之努力，蓋他國之能前進與創造，皆德人左右之……他國不知有福音，或知之而所以待之者不如德人之虔敬與深刻，彼等憑宗教改革勝利後獲得之自由思想，翱翔空中，不信超感覺而受其拘束……

「德意志之獨立精神發動之後，以求之官學界為未足，乃求超官覺於理性之中，而成立真正之哲學……此種哲學可謂純德意志者。何也？以其為原始者也。除德意志人外，鮮有能做此哲學理論者也……

「凡相信有精神性與精神性之自由者，凡意欲由自由之中以圖精神性永久發展者，則不論其人之生地為何地，語言為何種，謂為出於德國種族可也，其人定可為吾輩之一人，或早晚與吾輩攜手之人也……」

費希特算不上一流的哲學家，卻因這個演說系列而名聲大噪。他的演說對於振奮德意志的民族精神，抗擊外敵，起了很大作用。一九三七年，當日本侵略我們時，有人把費希特對德意志國民的演說編譯成小冊子出版發行，幾年內再版四次。

應該說，費希特比較了各民族文化的優劣，突出和誇大了德意志文化的貢獻，在特定的時間和地點，是情有可原的。據說，二十世紀三○年代納粹黨橫行，其黨內集會時，經常有一程序，即誦讀費希特演說錄，其情形與教徒在教堂誦讀聖經時的虔誠無異。這只能這樣解釋：費希特被利用了。當然，也有人抱著不同的看法。歌德就一直拒絕參與這一民族運動。托馬斯曼在他的《綠蒂在魏瑪》中，對這一運動也持完全否定的態度。

鐵與血

有人把統一前的德意志形容為一個哥特式的巨大怪物，這個怪物得了一種衰敗懦弱症。它是一種綜合症，主要症狀是渾身乏力。表現在政治上，它只能作為歐洲強國的玩物，而不能

成為真正的伙伴；在經濟上，無力保障資本主義造錢機器的正常運轉。病根是眾所周知的，就是德意志沒有獲得真正的統一。一八四八年的革命雖然失敗了，但統一的步伐是無法阻止的。能否如資產階級所願那樣，通過憲法來統一呢？這當然是最為理想的，但卻是不現實的。

　　在德意志，民主、自由的思想向來稀少，德意志內外環境又錯綜複雜，正如俾斯麥一見血指出的那樣：「我確信，普魯士的榮譽並不取決於那些正在生病的議會著名人士在德國到處演奏唐‧吉訶德。」那麼，德國的統一依靠什麼呢？俾斯麥說：「當代的重大問題不是通過演說和多數決所能解決的——這正是一八四八年和一八四九年所犯的錯誤——它必須用鐵、血來解決。」這就是後人所津津樂道的「鐵血政策」，俾斯麥

‧俾斯麥（1815—1898年）

也因此被冠以「鐵血宰相」之名。

俾斯麥也的確是一個幹才，他在德意志統一的道路上縱橫馳騁，充分施展了他合縱連橫的外交戰略。當時的歐洲列強英、法、俄都不希望看到一個強大統一的德國，同時還有更為棘手的奧地利問題。普魯士和奧地利都是古老的神聖羅馬帝國的一部分，雖然這個外強中乾的帝國在拿破崙侵略時已無疾而終，但仍有不少德意志人做帝國夢，呼喚著它魂兮歸來。在許多人看來，這個古老但不神聖的帝國代表了一種正統主義的秩序，與奧地利的決裂就是違反這個原則，破壞這種秩序，至少是一種兄弟鬩牆的行為。但是，俾斯麥十分清楚這個古老的帝國夢該醒來了，長夢不醒，就可能再也醒不過來。

德國在統一的過程中共進行了三次戰爭：第一次是與丹麥的戰爭，第二次是與奧地利的戰爭，第三次是與法國的戰爭。這些戰爭的勝利，使德國終於建立了以普魯士為中心的統一形勢。以普奧戰爭為例，我們來看看俾斯麥如何施展他的才華。

俾斯麥看到，要對奧地利進行戰爭，首先得克服國內保守派的阻力。在這一點上，他用自己的忠心和勇氣說服了普魯士國王。他說：「即使這會把我送上斷頭台，我也在所不惜。」可見，他要挫敗王室內部保守派的破壞並非輕而易舉。然而這事關重大，為了實施他的統一大業，不得不鈕而走險。當然，最麻煩的是歐洲各大國的態度。普魯士對奧地利開戰，意味著德意志將統一在普魯士的尖頂盔之下。

對此，各國都有威脅感，絕不致坐視。這樣一來，德意志統一任務能否完成，大德意志方案能否實現，關鍵在於能否爭取俄、英、法採取中立態度。當時的普魯士各派政治勢力，在與俄英法的關係問題上都有各自的立場。容克保守派始終信賴命運與共的沙皇制度，敵視「擴散革命」的法蘭西，主張與俄

國維持「傳統友誼」，與法國保持敵對狀態。資產階級自由派則親近英、法，敵視俄國。俾斯麥可不管這些，他不受任何教條主義的約束，不執著於任何一成不變的外交目標，只要能達到孤立奧地利的目的，什麼原則他都可以靈活處理。

在德意志統一的問題上，英國態度較為溫和，它既不希望德國過分強大，也不希望它過分屢弱，它的目標是維持歐陸均勢。普魯士從英國獲得「柏拉圖式的友好」並不困難。於是，普魯士對英國略表親善，與之建立關稅同盟，降低關稅。對於俄國，俾斯麥也頗樂觀。一八六三年，俄國侵略波蘭時，普魯士表示了完全理解的態度，對此俄國心存感激。普魯士充分利用了這一點。同時，俾斯麥也看到，俄國內部財源枯竭，國內局勢動盪，自顧不暇。另外，俄國在東方爭奪殖民地的過程中，與英、法、奧結怨較深。所有這一切，使俾斯麥認為，俄國不會阻礙普魯士對奧地利宣戰。最令俾斯麥憂慮的是法國。確實，一個強大的德國崛起，對法國在歐洲的霸權是一種威脅，而且一旦強大的法蘭西動作起來，不是此時的普魯士王國所能抵禦得了的。

基於這種狀況，俾斯麥便把外交活動的重心放在對法關係上。從一八六四～一八六五年，他三赴法國，拜謁拿破崙三世。在與法皇的會談中，俾斯麥探明了巴黎方面的意圖：（一）是訛詐。法國對比利時、盧森堡和萊茵河左岸地區垂涎三尺，對此俾斯麥誘之以利，答應只要拿破崙三世讓普魯士在「德國放手去幹」，對於法國「在講法語地區擴充其疆界」，他都予以承認。據說，俾斯麥的承諾並沒有立下任何憑據，對他來說，這不過是說說而已。「承諾必須遵守」這條歐洲古老的格言，對俾斯麥來說，當然是不屑一顧的。（二）是拿破崙三世還想坐收漁利，讓普奧在爭霸戰爭中消耗國力，喪失軍事

大國的地位。對此俾斯麥也有良策：對奧戰爭速戰速決，在拿破崙三世醒悟之前騰出手來，準備好在萊茵河的軍事行動。此外，俾斯麥還順利地與義大利訂立了軍事同盟。

俾斯麥的這些多面外交確是次次獲勝：英國願守中立；俄國對普魯士的「傳統友誼」深信不疑；義大利直接綁在他的戰車上；法國默許普魯士的行動，表示絕不「讓自己緊靠著一個靶子站著。」

就這樣，俾斯麥就放心大膽地幹了。他表明不再忍受奧地利「偽善的假面具」，決心把它撕破。他完全清楚，這一仗是他的政治賭博。據說，他甚至懷揣毒藥，準備在這場「不得人心」的戰爭中，普軍若失利時自殺。他自己在回憶錄中寫道：「當時感到好像在玩撲克牌，把不屬於自己的一百萬塔勒孤注一擲。」在取得了決定性的勝利之後，俾斯麥本可直搗維也納，他卻沒有這樣做。首先，他怕拿破崙三世趁機出兵萊茵。其次，他願意給奧地利留點情面。兩國由於歷史及地域的原因，到時候還有拉手的可能。

俾斯麥在給他夫人的信中寫道：「我有一項吃力不討好的工作要做：向沸騰的葡萄酒上注水，使大家明白生活在歐洲的不光是我們自己，還有三個憎恨妒忌我們的強國。」他說：「普軍得意洋洋地進入帝國首都，自然會給我們的士兵留下愉快的回憶，但它會在奧地利的自尊心上留下傷痕……在我們未來的關係中增加不必要的困難。」俾斯麥明智地插劍入鞘，竭力避免以拿破崙式的勝利進入維也納，為德國的最終統一和日後的國際事務中保留了「歐洲棋盤上的一顆棋子」。恩格斯對此評論道：「在波希米亞戰場上，不僅奧地利，就連德意志資產階級也輸給了俾斯麥。」

意志云乎哉

中國人喜歡談「勇氣」。有一個成語叫「智勇雙全」，把「勇」提高到與「智」同等的水平。德國人則經常談「意志」，能與「智」平起平坐的要算「意志」。「意志」這個詞是個大概念，德國哲學有一半以這個詞為中心展開。也就是有一半哲學家是吃「意志」這碗飯的，另一半則研究理智去了。當然，這只是大體而言，稍微嚴格一點的說法是：人的精神包括知、情、意，當然也就有些人吃「情」這碗飯。不過，因為「情」這東西人見人愛，到處都受歡迎，人們在生活中千方百計期求真情；在文學藝術中，它更占有最重要的地位。哲學是老大，具有高風亮節，不屑於去搶別人的飯吃。

德國哲學中以叔本華為代表的一派，我們叫他們唯意志論者。與他們相對的就是唯理論者。哲學家為了搞一個體系，會儘量擴張自己的地皮，把其它貓啊、狗啊，都給驅逐出去。其實，誰也不是這個世界的唯一，大家在一起和睦相處，說說笑笑多好呢！雖然叔本華一派的唯意志論「唯」得有問題，但這並非說意志本身就不重要。的確，德國有一個傳統，很強調意志的重要性。哲學裡的意志論這裡不談，我們來看看其它領域的「意志」現象吧！

德國在第一次世界大戰之後，建立了魏瑪共和國。這一共和國是短命的，僅僅存在了十四年，被看作是德意志帝國和希特勒第三帝國之間的插曲。但它是德意志歷史上第一個共和國，在德國政治史上具有重要意義自不待言。確立這個共和國的一些基本原則被稱為「魏瑪傳統」，一直珍藏在德國人民心中。繼承了一八四八年民主自由思想的魏瑪共和國，一九三三年被納粹黨篡權的洪水所淹沒，但它所確立的思想基礎仍然是

以後建立一個民主德國所必須遵循的。不過，魏瑪共和國失敗的教訓卻困擾和折磨了一代一代的民主主義者。

正如人們所批評的那樣，魏瑪共和國的自由主義勢力存在著一個根本弱點，即數量不足和信念不夠堅強。甚至有人把它描寫成「沒有共和主義者的共和政權」。的確，在德國歷史上，民主主義的傳統顯得分外薄弱。民主主義者大都以各大學為中心，雖然博學多才，卻缺乏政治經驗，「軟弱」是他們的特徵。自由派的知識分子弗里德里希‧邁內克在他的日記中表達得最為確切。他說：「右派人物有意志而無智慧，我們這些人則是有智慧而無意志——我們當中沒有當前需要的具有堅強意志的人物。這是德國自由主義在過去就有的局限。」

希特勒在一篇演說中也曾邪惡地指出：「君主政體的消亡是由於二十六個君主中沒有一個願意在王座的踏板上戰鬥至死。當前的共和政體，當那些民主共和主義者、和平主義者誰也不願意死在議會台階上的時候，也會消亡。」

狂熱與虛無

經歷過文化大革命的中國人都知道，文化大革命與其說是某種意識形態的產物，不如說是虛無主義的結果。對一般人來說，處在這場狂熱的運動當中，特別是到後來，人們都忘記了還有什麼政治企圖，完全迷失了方向。

納粹運動也是如此，它的基本核心就是十足的虛無主義。這並不是要否定納粹有自己的意識形態，並且這種意識形態在一開始還顯得很強大，它不僅曾經作為納粹黨徒的信念，而且也迷惑了很多群眾。我們當然也可追尋納粹的歷史文化基礎，

但並不能說納粹是德國歷史發展的必然結果。

種族主義是整個納粹運動的樞紐，但是，甚至從一開始，種族主義理論就受到了損害。絕大多數德意志人是混血的，只有易北河和威悉河之間極少數沒有混種的人才是純種的日耳曼族。納粹種族主義的意圖是要在這些「純種日耳曼人」中造就出統治德國的領導人，並以這些純種人最後繁衍成唯一的德國居民。但是，隨著納粹黨發展成一個群眾性的黨，它就不可能告訴成百萬黨徒，他們自己是雜種，是劣等人。這樣，種族主義高度精緻的形式就被忘到九霄雲外，於是「雅利安人」、「北歐日耳曼人」就被用於所有的德意志人，說他們是優秀種族。也是按照這種方式，非雅利安人很快被用來專指猶太人，意大利人和日本人也慢慢取得了優越的地位。儘管希特勒聲稱，要使德國僅由德意志人居住，但當戰爭消耗了大量勞動力之後，成千上萬的俄羅斯和烏克蘭婦女被運到德國，做德國人的配偶，用來增加勞動力的供應。試看「元首」是如何解釋的？他說：「我們必須溫習一下我們在學校中學過的關於民族遷移的知識。」他指出，德意志人曾散布到遙遠的東方，這些金髮碧眼的姑娘作為德意志人的後代，應該重新德意志化。

在納粹的意識形態中，猶太人是萬惡之源。猶太人作為納粹運動的頭號替罪羊，一切與納粹理想對立的東西都應怪罪他們。在西方，反猶太主義是一種古老且根深柢固的「不解決猶太人問題就不能拯救人類」的思維，可以在一切地方的不滿現狀的狂妄分子當中得到同情者。納粹在反猶太方面苦心積慮，甚至通過色情漫畫等方式。

當時最有效的宣傳漫畫是：一個色眼迷迷的猶太人埋伏著等待強姦天真的雅利安金髮姑娘。當年出版的兒童讀物是這樣描寫猶太人的——

有一個魔鬼在土地上遊蕩，

那就是我熟知的猶太佬，

他們是各族人民的謀害者，種族的恥辱，

全世界兒童為之驚恐萬狀。

　　納粹政權和其它現代的極權政權一樣，在對待群眾的問題上耍盡花招。納粹專政是有廣泛群眾基礎的專政，有人說它是二十世紀民主社會的產物。他們把宣傳集中於爭取群眾。戈培爾說：「街道居民是現代政治的特徵，誰能征服街道居民，就能征服國家。」在求助於群眾支持的同時，納粹意識形態又表現出對群眾的公開蔑視。它攻擊政治民主，嘲笑多數政治；一面甜言蜜語地欺騙和討好群眾，一面告知他們，他們自己不能決定自己需要什麼，應該做些什麼。

　　在某種程度上可以說，納粹的意識形態不過是一種門面，因為在現代政治中，赤裸裸，毫無遮攔地依靠暴力是聰明的獨裁者所不取的。罌粟有毒，但它開著妖冶燦爛的花朵，有毒的蘑菇往往是最漂亮的。什麼種族主義，什麼民族主義，不過是納粹這個妖女用來迷惑路人的歌聲。

叫科學幫幫忙

　　反對男女平等的人經常會提出一些「科學」根據，論證婦女如何不行。她們當然有不同於男人的地方，但這種「不同」只能說各有特點，我們不能說誰優誰劣。如歌裡所唱：「你耕田來我織布。」穿衣、吃飯都是同樣重要的。只穿衣不吃飯當然不行，只有飯吃沒有衣穿，赤身裸體，恐怕不僅是不雅吧！

納粹的反猶太主義也有所謂的科學根據，那就是（種族主義」。它意味著：北歐日耳曼民族或雅利安民族，具有無可爭議的優越性。照他們的話說來，人類一切的文明成果都是雅利安民族創造的成果。希特勒說，這個民族是「人類的普羅米修斯」、「文化的奠基人」。他們還認為：過去文明的衰落和消亡都是由於種族混雜造成的，因此，種族的「純粹」也是至關重要的。

在納粹時期，一些學者出賣品格，給種族主義塗上體面的科學色彩。如柏林大學頗有聲望的自然人類學家歐根·菲舍爾，還有科學家兼騙子漢斯·亨特，都成了「科學」種族主義的官方推銷人。日耳曼種族主義經過科學術語的打扮，變得花枝招展，對人很有迷惑作用。

高赫在《種族研究的新基礎》一書中寫道：「唯有北歐日耳曼種族能夠發音清晰，不帶雜音，而北歐日耳曼種族以外的人和民族的發音都是不純正的，單音模糊不清，就像動物發出的聲音，例如狗的汪汪汪，豬的哼哼哼，貓的咪咪咪。鳥之所以比其牠動物更能學人講話，是因為牠們的嘴的構造與北歐日耳曼人的嘴相同。」

這種理論在科學上不值一駁，但因為它打著科學的旗號，對於普通缺乏專業知識的讀者來說，容易造成混亂。當然也不是全然沒辦法判斷，仔細想想，還是會有疑問的：難道人種之間的差別比日耳曼人與鳥之間的差別還大嗎？這顯然是胡謅。

我們再來看看納粹是如何論證血液與土壤的關係的。一九三五年七月廿八日的《法蘭克日報》寫道：

「只有德國土壤——塊狀土壤——的出產物才能製造德意志人民的血液。那種決定德意志人種型的微妙顫動，只有通過這種出產物才能傳到血液中，再從血液傳送到身體和靈魂去。

德意志人種型之所以是全世界獨一無二的種型，就因為世界上只在一處有德國土壤。」

這麼苦心積慮地論證德國人的血液與土壤的關係，一方面當然是為種族主義服務，另一方面還有一個小小的目的：原來，德國因軍需品的輸入，需要大量外滙，於是勸人們不要食用進口檸檬，而用本國出產的「質樸無華」的大黃葉根代替。

這個納粹作者繼續寫道：

「因此，去你的吧！你這個南方忘恩負義的女人，從我們德國各州、各個家庭中滾出去！我們再也不要看見你，你這個淫婦！」

種族主義作為納粹意識形態的重要方面，早已是臭名昭著。對於並不愚蠢的納粹黨員來說，他們真的相信嗎？也許納粹跟其它形式的獨裁一樣，為了權力，總要千方百計地尋找製造的依據。只不過，由於德國人特有的效率，用於做惡，也比其他獨裁者更高一籌。所以，不要過多地去尋找納粹的文化根源、歷史基礎——的確，他們利用了德國的民族主義思想、愛國主義感情，並做了庸俗化、簡單化處理。

各種形式的極權政治，從古到今，綿延不絕，我們肯定不能把原因都歸於它們各自不相同的文化傳統。因為這樣做也是一種簡單化的處理方式。

有沒有集體罪責？

古希臘哲人說：「人不能兩次踏進同一條河流。」同樣地，歷史也不會重演。然而，當現實成為歷史之後，一些無法隨風逝去的東西便會沉澱下來，變成廣義文化的一個組成部

分；正是這些沉澱物，有時會使歷史以另一種面目重現，給人似曾相識的感覺。

其實，過去、現在和未來是非常深地聯繫在一起的，如果我們仔細思考，就會知道，「現在」這個詞可以大略分為三種含義：過去的現在、現在的現在、將來的現在。這不是在繞口令，而是想提醒人們，歷史與現實的關係。

全世界的人至今都記憶猶深，一九七〇年，前聯邦德國（西德）總理勃蘭特在華沙波蘭死難者紀念碑前雙膝下跪的情景。這一情景頗為動人心魄，表明西德政府對戰爭的深刻反省。這不是一個普通德國人的謝罪懺悔，而是一種政府的行動，比起我們的鄰國——日本來，態度上無疑有天壤之別。日本政要也下跪，但那是參拜靖國神社的時候。

我們所要追問的是，德國在二戰中所犯下的罪行是少數納粹所為嗎？當年的德國人是否集體犯了罪？的確，「集體罪責」在德國始終是一個敏感又懸而未決的問題。這樣的問題，對任何一個民族來說，都是非常沉重的。我們的鄰國日本是極力反對這類問題的。如果你這樣去問他，他肯定恨你一輩子。他們喜歡否認眾所周知的事實，尋找自欺欺人的藉口。對一些良心未泯的日本人的反省，右派分子更是上竄下跳，叫囂日本人得了「民族自虐症」。大概他們認為，人在犯「虐待狂」的時候是最為健康的。這種把白說成黑，把黑說成白，把有病說成沒病，把沒病說成有病的姿態，正是病入膏肓的徵象。對此我們還真不知有什麼良藥。

一九九六年，有一本書叫《希特勒的志願行刑者》，頗引起轟動。作者叫丹尼爾·戈德哈根，哈佛大學的助理教授，本是一個名不見經傳的學者，這本書的出版，立時使他名聲大噪，可謂一石激起千重浪，在德國、英國、愛爾蘭都成為暢銷

書。這確是一本帶著鋒芒的書。作者通過一系列個案分析，著重研究了當年希特勒迫害、屠殺猶太人時，大部分德國國民的心態。與以往研究二戰的歷史著作不同的是，戈德哈根在書中不是把幫助希特勒屠殺猶太人的那些人稱為納粹，而是直接稱之為德國人。換句話說，他不像通常人們所言那樣，把納粹與德國人民區分開來，而是直接而尖銳地提出一個問題：沒有那麼多普通民眾作為其土壤，納粹法西斯怎麼能生根、開花長達十幾年。

這本書以大量的研究材料證明，當希特勒大舉迫害猶太人之時，絕大多數德國人，包括為數不少的反法西斯人士，絕不是像以往人們所宣稱的那樣，對納粹暴行知之甚少，而是清楚地知道一切，不僅知道，許多人還心甘情願地積極參與其中。戈德哈根在書中指出，當納粹暴虐之時，有相當一部分德國公眾對納粹暴行進行了抵制，然而，對納粹迫害猶太人挺身抵制的人卻鳳毛麟角。

這就清楚地向人們展示了一個事實：許多反法西斯分子並不同時是反排猶主義者，甚至反過來還可能淪為納粹迫害猶太人的幫凶。這就向人們提出一個尖銳的問題：為什麼與納粹勢不兩立的反法西斯分子，恰恰在排猶這一問題上，與他們的敵人站到了同一戰壕裡？其中的原因難道只應在納粹身上尋找嗎？戈德哈根在書中還聯繫了當年的幾個事實：（一）當年的德國成年公民中，每八個人就有一名納粹黨員。更多的人雖未加入納粹黨，卻是納粹的狂熱支持者。（二）當年許多普通德國民眾在無人脅迫，完全自願的情況下成為納粹的「包打聽」或耳目，這樣的人遍及大街小巷、酒館、旅店。許多猶太人和反法西斯人士被捕，就是出於這些人的告密。

戈德哈根認為，排猶本非德國特產，而是在世界上許多國

・納粹狂熱

家都可以觀察到的一個現象，然而，當年德國的排猶行動卻帶
有明顯的德國特徵，那就是：它獲得了絕大部分德國國民的默
許甚至支持，其中包括許多堅定的反法西斯分子。這就不能不
進行反思：德國人，你們哪裡出了毛病？

這種現象當然不能說是出於通常意義上的德國人的智慧，
它大概是源自德國智慧所沒有照射到的心靈某處陰暗的角落。
尼采就曾經說，德國人的靈魂裡有暗道、有陷阱。

Chapter 7
軟弱的英雄

查理曼比凱撒差點

　　有一些歷史事件，在發生的當時，人們並沒有充分估計到它的全部意義；回過頭去看，才理出一條歷史的脈絡，看得分明一些。有時，我不禁懷疑，歷史真是一條因果的鏈條嗎？難道真是這個東西導致了那麼嚴重的後果？還是後續事件的出現使我們不恰當地選擇了前因？這種前因是這樣偶然、脆弱，它怎麼可能那麼深地影響了歷史的強健步伐？它難道不只是時間在前嗎？一個人要在歷史上估摸出他的同時代人遭逢的事件之重要性是多麼困難啊！一些細微、偶然的事件，我們幾乎不可能洞悉它的意義，而歷史也許會給它崇高的地位；一些看似驚天動地的東西，其實只不過是曇花一現，在歷史的大河中引不起一點漣漪。

　　公元八〇〇年，教皇突然給查理曼帶上金冠，就是具有重大影響，而當時並沒有認真看待的事件。情形是這樣的：八〇〇年冬，法蘭克國王查理曼應教皇之邀去義大利，幫助解決教皇與羅馬貴族之間的矛盾。教會在羅馬聖彼得教堂為這位高貴的法蘭克人舉行一個聖誕慶祝會。當查理曼在祭壇前做完禱告站起來時，教皇突然把一頂皇冠戴在這位頭髮已經花白的日耳曼人頭上（他當時已經快六十歲了），一群顯然是事先隱藏好的羅馬騎士隨即高呼：「萬歲！查理曼，上帝加冕於你，莊嚴的羅馬皇帝，萬歲！」

　　據《查理曼大帝傳》記載，他當時由於驚愕，一句話都沒說出來。他表示，如果預先知道有這樣的安排，他將不跨進教堂的大門。

　　查理曼可曾想到，通過教皇加冕這一舉動，不僅產生了他需要為羅馬教廷服務的義務，而且第一次顯示教會權力高居於

・查理曼大帝（768—814年）

世俗權力之上，派生出教廷支配皇位的要求。我們不禁要想，如果查理曼當時於驚訝中把教皇的手推開，拒絕接受皇冠，就像凱撒大帝在同一城市，處在同一位置時所做的那樣，德國的歷史又將如何？

查理曼當時已經快六十歲了，馳騁政壇那麼多年，難道在那一瞬間真是由於驚愕而沒有識破教皇的用心？皇冠本身就是權力的象徵，神聖羅馬帝國的皇冠就是當時人們所能認識的世界帝國，查理曼是不是因為野心而炫惑呢！他難道不想建立一個世界帝國嗎？我們也許永遠只能猜測查理曼的想法，而無法找到有力的證據。總之，不僅是查理曼被這頂實際上並無益處的皇冠弄得不知所措，以後的德意志都被弄得不知所措。

其後查理曼的繼承者在去羅馬獲取皇冠的漫漫長路上將倍

感艱辛，國家政權和宗教神權之間的鬥爭將伴隨著德意志神聖羅馬帝國的始終。接下來的一千年中，教皇與皇帝無休止的鬥爭耗費了德國人大部分的精力。從此以後，德國歷史的悲劇開始了，它的主題大部分將是低沉的，雖然有時也會穿插進光明、寧靜和優雅的旋律，但為時不多。

　　其實，這種悲劇性的後果，聰明的德國人是有些預感的。查理曼很快就有所覺察，並希望有所補救。在八一三年他的兒子路德維希加冕為帝時，就沒有邀請教皇參加，也沒有前往羅馬，而是在亞琛城（Aachen）由他自己把皇冠加在他的兒子頭上。雖然如此，但這還遠遠不夠。查理曼作為德國歷史上幾個出類拔萃的統治者之一，他有能力為自己的兒子戴上皇冠，他的後代子孫卻難以做到這一點。雖然查理曼自己很少利用教皇，也從不謁見教皇，但神聖羅馬帝國的皇冠就意味著神權與俗世王權的統一，而羅馬教廷作為神權的代表，豈是這麼容易繞得開的？

　　很多人在分析德國人的心靈時，都認識到德國人精神上有一種浪漫主義的渴望。德國貴族就像他們的祖先一樣，對南部肥沃的土地和溫暖的陽光充滿興趣。更重要的也許是，羅馬作為一個曾經創造燦爛文明的地方，他們具有較高的文化，由這種文化所產生的安詳、寧靜的古典精神，對德國人來說，具有很大的誘惑力。他們感到，這裡的人即使在走向衰落的情況下，也有一種優越於征服者的精神力量。

　　在這種精神面前，他們一定受到一種恐懼感和自卑感的驅使。這就使德國的歷代統治者樂此不疲地奔向羅馬。其實，羅馬路途遙遠，又有阿爾卑斯山阻隔──當時阿爾卑斯山的通道還很少──要統治這樣一大片土地，需要一支龐大的軍隊，這將使他們經常力不從心。並且，國內諸侯林立，處在一種分裂

狀態，加上邊界還經常受到來自法國和斯拉夫的威脅。

　　教皇道義上的保護實際上毫無意義，除非德意志人真的能控制米蘭和西西里。夢想統治世界的野心，使德國在國內外都面臨危險。象徵權力的皇冠掌握在教皇手裡，他利用德國人浪漫主義的渴望作為自己的政治資本，對德國取得具有決定性的影響力，這種影響力要比他對任何別的國家，甚至包括義大利在內，都大得多。

卡諾莎事件

　　很多人都認為，德國在任何時候都不能算是一個完全基督化的國家。但是，基督教對德國歷史的影響卻是舉足輕重的。也許沒有哪一個國家像德國那樣，受到基督教那麼大的影響。德國的重大歷史事件總是與教會牽扯在一起，羅馬教會與德國政治的這種錯綜複雜的關係是理解德國歷史的一把鑰匙。他們就像一對感情不和的夫妻那樣，經常磕磕碰碰。清官難斷家務事，要弄清楚基督教對德國的影響，簡直是不可能的。可能正是由於德國在任何時候都沒有完全基督教化，才引發了德國與教會之間無休止的矛盾衝突。我們知道，基督教本身作為一種宗教，一方面是信仰，另一方面，教會具有很大的勢力，因此教會既有思想，又有武器。在路德宗教改革之前，政權與皇權之間不斷衝突，有時也會互相利用。

　　接下來要談的「卡諾莎事件」就是一件具有象徵意義的事件。我們知道，在德意志的封建化過程中，羅馬教皇擁有給德皇加冕的特權，德皇則力圖控制教皇與教會，而地方諸侯、貴族為擴大權勢，又往往借助教會的力量，力圖削弱王權。這種

矛盾鬥爭是德意志長期分裂的重要原因。卡諾莎事件就具體地體現了這一矛盾，是這一矛盾體現的極端形式。它使後面的人無法忘懷；一直到俾士麥時代，人們還是念念不忘。對德國人來說，卡諾莎事件是一種恥辱。導演卡諾莎事件的主角就是教皇格里高利七世和德皇亨利四世。由於教皇格里高利也是日耳曼人，兩位日耳曼人之間的衝突就深刻地反映了德國人的心靈。這一事件具有多方面的象徵意義。

教皇格里高利七世是羅馬一個手工匠的兒子，他的真名叫希爾德勃蘭特，是日耳曼人的後裔。他身材瘦小，相貌醜陋，皮膚黝黑，當代人貶稱他為「神聖的魔鬼」。當然，他十分聰明，能輕易對付他所看不起的人。他曾嚴厲指責他的頂頭上司出賣聖職，道德敗壞。他如果出身王室，肯定是一個征服者。

他的對手亨利四世相貌堂堂，年紀比他小三十歲。他們都一樣傲慢專橫，並且好色。但亨利缺乏聰明的腦袋和真正的能力，他有時狂妄自大，有時妄自菲薄，喜怒無常。

他們為了爭奪主教敘任權（授予主教和修道院長以封地和職權的權力），展開了較量。對德皇來說，授聖職權恰恰是王權的一個支柱。喪失了這一權力，就維持不了對教會諸侯的統治，乃至於對帝國的主宰。亨利四世當然不願任人宰割，他讓德國教會理事會廢黜教皇。在給教皇的信中，他言辭激烈地斥責道：「我，亨利，以上帝恩寵加身的國王及全體主教的名義向你奉告：下台吧！下台吧！在時代的洪流中毀滅吧！」

然而，此時德意志皇權已今非昔比，國內諸侯反對派站在羅馬教廷一邊，教皇有恃無恐，宣布把國王革出教門。對教皇來說，國王的禁令等於廢紙一張。可是，對德皇來說，被逐出教會卻非同小可，具有嚴重的影響。面對羅馬教廷及國內的壓力，亨利屈服了。「羅馬值得一去。」另一個叫亨利的國王在

Heuricus. 4. Emperour Waiting 3. dayes vpon Pope Gregory 7. Image of Antichrift.

· 卡諾莎事件

五百年以後說。在一個嚴寒的冬天，亨利四世帶著妻兒出發到義大利。格里高利此時已去了北方，到他的朋友瑪酋爾達伯爵夫人的卡諾莎城堡暫時隱居。這有點像喜劇——一位漂亮，頭戴皇冠的德意志國王到了地上滿是白雪的城堡院子裡（教宗下令，禁止他進入）。根據習慣，他只穿一件長絨襯衣，跌足立地，卑躬屈膝地在風雪中等候了三天。他一定覺得很冷。而此時在樓上，在蓋有拱頂的暖閣裡，格里高利由城堡女主人陪著，談笑風生。第三天，他來到城堡的院子，恩賜給懺侮者一個猶大之吻。

這是令人怵目驚心的一幕，這一幕肯定在以後德意志人民的心目中經常出現，對德意志國王來說，更如警鐘長鳴。

瑪麗亞崇拜及其它

在中世紀的歐洲，基督教教義出現了很多變化，這些變化體現了一種趨勢，即逐漸人道主義化。這一持續緩慢的變化肯定體現了日耳曼文化的影響。這裡首先要提到的是「聖母瑪麗亞崇拜」。基督教一開始是以啟示錄的形態存在，人們把神明當成可怕的法官，難以掙脫對「天罰之日」的恐懼。要使人們拋棄這種想法，就必須改變宗教教義的重點。於是，「聖母瑪麗亞崇拜」應運而生。我們可以想像，經歷了生育陣痛，目睹了自己的兒子被釘死在十字架上的耶穌之母，代表著強烈的人類情感。人們有理由期望，瑪麗亞能夠理解人們的痛苦。於是人們向她祈禱，請求她向其子基督說情。

瑪麗亞崇拜的起源當然很複雜，大體說來，它是基督教在一個更加文明的時代生存下來，所必須做出的調整——使之不斷走向人性化。同時，還有證據表明，它也受到了當時新柏拉圖主義的激勵。新柏拉圖主義者認為：對世俗之美的熱愛是理解天國之美的第一步。還有一個更為直接、更為根本的原因，就是日耳曼根深柢固的「婦女崇拜」這項傳統。日耳曼人對婦女的尊敬和崇拜，曾深刻地影響了中世紀生活的一切方面。

中世紀的騎士精神與日耳曼文化的聯繫也極為深廣，騎士們那種重義輕生的人生態度、任性行俠的生活、尚武好鬥的精神，都與日耳曼人的傳統生活相似。同時，騎士們與貴婦人之間纏綿緋惻的愛情，以及他們那些熾熱、坦率的愛情詩歌，都可以說是日耳曼文化的產物。發生於十一～十三世紀，持續近兩百年的十字軍東征，也體現了一種尚武好鬥的精神。這些規模宏大的十字軍東征，長途跋涉去奪回聖地，真是發洩能量的最好機會。如果拋開宗教的神聖目的，我們似乎可以推想：這

種遠征真有點像日耳曼民族遠古時代經常出現的大遷徙。在中世紀，許多虔誠的人用艱巨的體力勞動建造了巨大的教堂。這些教堂的結構極其複雜，規模宏大，數量眾多。據說，當時的人只有在向上帝祈禱時才暫停工作。這也讓我們很容易聯想到今天德國人的勤勞和效率。

中世紀是一個文化融合的時期，從此，歐洲文化具有驚人的統一性。雖然民族之間的差異照常存在，並且，由於各民族對傳統的不斷發掘和反省，人們確認和加深了這種差異，但是，各民族文化之間的交流和碰撞，逐漸形成一種新的文化，在這種新的文化之中，你中有我，我中有你。我們無法清晰地指認出，中世紀出現的一些對後世產生了具有影響的事物，到底是受誰的影響，或者說，受誰的影響更大些。我們之所以提出日耳曼文化的影響，只是想說明，現代歐洲不僅是希臘‧羅馬傳統的產物，它也是一個包括日耳曼傳統智慧在內，諸多影響形成的結果。

兩種秩序

德意志神聖羅馬帝國並沒有建立一個井然有序的社會。有人中肯地指出，它既不神聖，又不歸於羅馬，更稱不上帝國。但人們對秩序的渴望並沒有停止。從加洛林王朝開始的文藝復興，就是這種渴望的體現。中世紀的思想家提出了各種各樣的社會理想，並為推行這些理想做出了不懈的努力。當時主要存在兩種模型：教會組織模型和羅馬帝國的市政組織形式。這兩種社會組織模型體現了兩種秩序，一是宗教的秩序，一是世俗的秩序。

在聖奧古斯丁的《上帝之城》中，「人之城」和「上帝之城」之間存在著極大的差別。奧古斯丁贊成建立「上帝之城」。他的這種觀點自然得到教會的支持。但是，強大的民政組織卻不同意，他們極力削弱教會的世俗權威。這種民政組織發端於日耳曼部落，德意志神聖羅馬帝國事實上建立了這種組織。教會和帝國在各自的領域發揮權威，知識和信仰的領域是教會的天下，但在政府和社會中，奧古斯丁的兩種城市都同時存在。教堂和城堡這兩種中世紀建築就是中世紀生活二重性的紀念碑。

　　不管是基督教會模式，還是羅馬帝國組織模式，在中世紀都沒有實現，它們只能在矛盾和鬥爭中，取得一種力量的平衡。但理想主義者顯然無法滿足，他們通過在理論上建立精密的秩序，企求實現他們渴求秩序的欲望。最為典型的是但丁的《神曲》。把秩序等同於等級制度是那個時候人們對秩序的普遍認識。這種認識具有很深的歷史淵源。我們知道，柏拉圖和亞里斯多德就曾斷言，一切不太重要的創造物都來自一個最高的上帝。在基督教文化裡更是如此。希來伯文化信仰一個全能的神明。總之，不管是教會或世俗社會，它們固定不變的律法就體現在一系列逐級依賴的等級結構中。依據《神曲》中細緻的建築架構，宇宙上有第十層天，下有地球；教會上有教皇，下有俗人香客；國家上有國王，下有農民。不管是宇宙或人類社會，都按清楚的等級軌道有條不紊地運轉。

中世紀等級制度的例子

天國等級	神聖等級	教會等級	封建等級
最高天	上帝	教皇	國王
第十層天	六翼天使	一級主教	公爵
群星天層	亞天使	大主教	男爵
土星	三級天使	主教	騎士
木星	四級天使	神父	青年爵士
火星	五級天使	副主祭	鄉紳
太星	六級天使	助祭	
金星	七級天使	副助祭	
水星	大天使	驅魔員	
月亮	小天使	誦經員	
		司閣員	

德國的人文主義

　　人文主義是文藝復興運動的主要標誌，同時也是文藝復興運動的重要成果。說到人文主義，我們會很自然地聯想起文藝復興運動。反之亦然。有時候，我們甚至把它們當作形式和內容一樣的關係。但是，如果細究起來，它們之間還是有很多的不同。雖然人文主義也可以用來描述一場持續不斷的運動，但

更多地用來指稱一種價值觀，它包括一整套思想體系；而文藝復興主要指歐洲在十四～十六世紀所發生的文化、思想運動，這場運動最重要的成果就是人文主義思想的勃興。平時，一提到文藝復興，我們最先想到的就是義大利。義大利的確是文藝復興運動的中心，在不長的時間內出現了一大批思想文化方面的巨人。但是，這當中我們不應該忘記德國。我們幾乎很少聽說德國的文藝復興，其實德國的人文主義思想在歐洲占有極重要的地位，波瀾壯潤的宗教改革還可以看作是人文主義運動的一個重要組成部分。

人文主義的基本原則是以「人」為主，它關注著人與現實世界，特別是維護人的尊嚴。在中世紀，宗教活動是人的最重要的活動，同時，神是價值的唯一來源。這種情況由於兩個相互關聯之因素的出現而悄悄地發生變化：第一是由於教會的腐敗。由此而產生的直接結果是，教會的威信日漸降低，甚至引起宗教精神的衰落！第二是人們日益增長的現世精神。雖然不少嚴肅的宗教思想家仍信奉基督教教義，但他們也對教會不滿，其中一部分人要求改革教會，另外的人則完全與教會決裂。大多數普通民眾很難說還保持著真誠的宗教信仰；至少，他們開始把日常生活和宗教生活分開來，並且更多地追求塵世的歡樂，而不是幸福的天堂。

法國十六世紀人文主義作家拉伯雷勸告人們要仔細品嘗今生今世的生活經歷，稍後的蒙田則對任何形式的最終真理之可能性表示懷疑。隨之而來的宗教精神的衰落已經不可逆轉。與此同時，世俗生活卻越來越豐富。人們重新與古典文化恢復了聯繫，為人們打開了新知識的閘門，各種非宗教知識越來越多地湧向歐洲。通過十字軍東征，歐洲與西亞之間的聯繫日益緊密，人們不僅瞥見了東方的奢侈生活，也感覺到東方燦爛的文

明。特別是中世紀經濟貿易有很大的發展，歐洲南、北都出現了巨大的經濟圈。後來的地理大發現不僅直接滿足了人們的物質欲望，同時也體現了人類偉大的探索精神。正是這種精神直接導致了科學的復興，各種新的科學理論開始突破宗教觀念，為人類帶來更為精確的自然法則。

歷史就是這樣一步一步地向前進。短時間看，它總是沿著直線，沒有轉彎，也沒有掉頭。但是，如果經過了一個較長的時段，回過頭去看，歷史似乎已經歷了一個一百八十度的大轉折：原來人們紛紛強調來世，現在怎麼就這麼現世主義了呢？原來神是價值的源泉，現在人怎麼變成了萬物之靈呢？

德國從十五世紀中葉起，產生了一批卓越的人文主義學者，其中包括伊拉斯摩斯、羅伊希林、塞爾蒂、皮克海姆爾、胡登、梅蘭希通等等。與義大利人文主義者相比，德國人文主義者大都是語言學家。他們直接研究《聖經》希臘文、拉丁文本，鑽研基督教教義，揭露羅馬教會篡改原文，愚弄人民的行徑。而義大利的人文主義者，如但丁、佩脫拉克和薄伽丘等，大都是詩人和作家。

德國人在人文主義運動中所做出的獨特貢獻就是宗教改革運動。我們完全可以把宗教改革作為人文主義運動的一個組成部分，馬丁‧路德是德國偉大的人文主義者。在宗教改革之前，人文主義運動的開展為宗教改革做了思想上的準備，而宗教改革則是人文主義運動的繼續和深入。德國的宗教改革是歐洲各國宗教改革的楷模，它既是德國歷史上具有深遠影響的重大事件，對整個歐洲來說，也是現代精神崛起的重要標誌。

德國在宗教改革中所表現出的智慧和勇氣，在很多方面，都預示著德意志民族和德國文化其後發展的方向和路徑。

軟弱的英雄

維滕貝格（又譯威登堡）是德國薩克森地區的一個無名小鎮，在十六世紀之前，誰也沒有注意到它的存在。十六世紀初，這個小鎮大約有兩千居民，誰也沒想到它會震驚世界。一五〇二年，智者弗里德里希在此創立維滕貝格大學。聲勢浩大的宗教改革運動將在這裡興起，人們稱之為「維滕貝格運動」。馬丁‧路德（1483-1546 年）是這場運動的發起人，到他去世之前的三十年間，他一直是這場運動的精神領袖。

要了解路德的複雜個性可不是一件容易的事。天主教歷史學家對他頗有微詞，新教學者則往往把他描繪成堅定的英雄。我們也許無法如實地勾勒出路德的完整形象。在他的身上有不少幽暗看不清的地方，這在當時就已如此，更遑論隔了幾百年後的今天。但如果認真看看他生平中的幾個主要階段，我們就能對他得到一些基本的認識。

他於一四八三年生於薩克森的埃斯列本城，父親是一位農民出身的礦主。路德十八歲時進入埃爾福大學學習。這所大學是當時唯名論的堡壘，年輕的路德耳濡目染，也成為一位唯名論者，並於一五〇五年獲得碩士學位。他在訪問曼斯菲爾德途中險遭雷擊，這時他剛按父親的願望，進入法學院學習。他的父親希望他能成為一名律師。在這之前，他曾立下誓言：如果生活中出現逢凶化吉的事，就去當神父。他實踐了自己的諾言。幾天後，他不顧父親的反對，進了修道院。這人生道路的突然轉向，正是他多年潛心祕密研究宗教的結果。

一五一一年，路德訪問羅馬，目睹了教廷的腐敗。他後來回憶說：「很難描述，而且不可能相信，那裡的齷齪究竟達到了什麼地步！如果有地獄，那麼羅馬就是地獄。羅馬本是神聖

·馬丁·路德

的殿堂，現在已變成骯髒的城了！」一五一二年他獲得博士學位，並成為維滕貝格大學教授，從事《聖經》的教學工作。

路德的生平大略如此，看起來還算一帆風順。但有一些重要的東西沒有反映出來。他一直在思考：人如何才能得到上帝的赦罪？購買贖罪券能得到上帝的赦罪嗎？他為此廢寢忘食，甚至由於不能解決這個問題，經常折磨自己。他面臨全面崩潰。他在一五三一年所寫的《〈加拉太書〉批注》中敘述道：「在自我赦罪的神聖和信仰的掩蓋下，我滋生出持久的懷疑，產生了一些疑惑，一種恐懼感，一種仇恨和褻瀆上帝的欲望。」為什麼經過頑強而真誠的探索，他不但未找到他所憧憬的安寧，反倒達到了幾乎瀆神的地步？他在關於《馬太福音》的一篇布道文中開始回答這個問題。說到耶穌時，他說：「當

人們喊出他的名字，我卻寧肯聽到呼喚魔鬼。因為我認為，我必須行善不止，直到得到基督的恩寵。」但是，他越是苦苦修行，越是覺得自己的功德不完善。苦苦探索了很久以後，他發現答案就在《羅馬書》第一章第十七章中。「因為上帝的正義在聖經中得以啟示，正如經上所寫的那樣：『義人靠信仰生存。』」就是這段經文解決了路德多年的危機。

他在去世前一年寫的《拉丁文著作的序言》中談到這個發現。他說：「在夜以繼日地冥思苦想時，我開始懂得上帝的正義在這裡指的是上帝給予的正義，義人如果信仰，則憑此生存。因此，這句話在這裡的意思就是：福音向我們揭示了上帝的正義。但這是被動的。上帝慈悲為懷，憑信仰為我們赦罪……我即刻感到獲得了新生，甚至似乎覺得已通過敞開的大門，進入了天國。」

從此，路德堅信「因信得救」，每個人都可以憑藉自己的信仰，不需要任何第三者，直接面對上帝。這就像兩個人談戀愛不需要第三者一樣。然而，這種思想在當時是危險的。羅馬教廷這個第三者怎麼可能容忍呢？

路德的「因信得救」思想剝奪了以教皇為首的神聖人員的神權，徹掉了人與神之間的阻隔。他說得很清楚；二個皮匠、鐵匠、農民，各有各的工作和職務，但他們也都是被授予聖職的神甫和主教。」

路德的性格並不堅強，但他憑著本身醞釀的思想及堅持思想的勇氣，最終成了驚天動地的英雄。

第三者遭到質問

　　教會的腐敗由來已久。義大利人文主義者薄伽丘在《十日談》裡跟我們講了很多有趣的故事，其中一則是這樣說的：

　　有一位虔誠的基督教徒勸一位猶太教徒改信基督教。這位猶太教徒答應考慮。他很謹慎，要親自去羅馬看一看後再做決定。到了羅馬，他看到教會十分腐敗，賄賂、貪污、淫蕩，無奇不有，這裡人慾橫流，活像地獄的情景。基督教徒想，他不會改信基督教了。但結果出乎他的意料，這位猶太教徒解釋說：你們的基督教真偉大，這麼多人想盡辦法搞垮它，它都屹立不搖。

　　一五一七年十月三十一日，教皇利奧十世派特策爾的托缽修士到德意志去兜售贖罪券。當時流行一句話：「贖罪錢叮噹響，靈魂即刻上天堂。」教廷的這種欺詐行為蒙蔽了不少人，很多農民把所有家當都賣了，換錢去買贖罪券，為的是希望靈魂不墮入地獄。路德認為有必要提醒人們考慮這個問題，他採用當時進行學術探討的方式，把自己撰寫的《關於贖罪券效能的辯論》（即著名的「九十五條論綱」）貼在維滕貝格教堂的大門口。

　　路德在論綱中指出：基督徒只要信仰，不買贖罪券，靈魂也能得救進入天堂。他指責教皇出賣贖罪券是錯誤的，是違背基督教原理的，強烈要求教皇停止濫用贖罪券。後來，路德又散發了許多小冊子，宣傳自己的觀點。他勸告人們只能在《聖經》中為自己尋找基督的真諦，譴責煉獄的邪說，揭露高級教士的奢侈腐敗，甚至要求取消寺院制度，呼籲剝奪教士的特權。一五一九年，路德在萊比錫同教皇代表辯論，義正辭嚴地宣稱，教會的管轄權不是神授的權力，而是得之於人的任命或

・馬丁・路德的改革

帝王的任命。」在一五二○年發表的《羅馬教皇權》一文中，他進而號召：「把這些羅馬來的惡棍逐出國境。」

路德的這些主張得到了人文主義者梅蘭希通、胡登、濟金根的鼓舞和支持。事實上，宗教改革和人文主義運動關係密切；可以說，正是人文主義思想為宗教改革做了理論上的準備，宗教改革則是人文主義在宗教領域的繼續發展。宗教改革深入到絕大部分老百姓當中。同時，宗教改革第一次喚醒了德國的民族意識。人們不禁要問：為什麼德國宗教要屈從於異族的統治？德國教徒為什麼要向羅馬教廷繳納那麼多貢稅！

路德與羅馬教徒由辯論而一步步地走向對抗，這並非他的初衷。可以說，路德的憂慮、探索、發現和鬥爭也是成千上萬

基督徒的憂慮、探索、發現和鬥爭。正是由於「十分之九的德國人歡呼路德，剩下十分之一的人高呼羅馬教廷該死」，才導致了這場名為維滕貝格運動的宗教改革。路德本人既沒有分裂教會的念頭，也沒有當一名教派創立者的氣質。另外不能忽視的是，在整個過程中，羅馬教廷採取高壓手段，宣布路德為異端，將他革出教門，限期捉拿，迫使他無路可退，要嘛放棄信仰和良心，要嘛鬥爭。梅林曾正確地指出；「與其說是他推動了運動，不如說他是被運動所推動。」

宗教改革使教會發生了分裂，路德作為第一個新教徒，比起許多羅馬天主教徒來，他更像是一個天主教徒。後來，宗教改革和社會革命聯繫在一起，基督徒在追求內心自由的過程中，越過精神的藩籬，要求一種更大範圍的社會自由。這在路德看來，已經走得太遠了。

奇文共賞析

宗教改革獲得了巨大的成功，隨後出現了遍及德國的農民戰爭，本已四分五裂的國家變得更加動盪起來。這種情況完全出乎路德的意料之外，他開始反對各種急進行動。他點燃了火、但沒想到它會這麼燒下去，他又沒有能力撲滅。這肯定使路德十分痛苦。於是，他從社會生活中退回到書齋，以實現他多年的夢想，把《聖經》翻譯成德語。從以後的歷史發展看來，這一工作並非微不足道，它對德國宗教、語言、文學等等方面都將發揮巨大的作用。

在路德翻譯《聖經》之前，德國已有不少德文譯本，但沒有得到普及，這是因為德語本身的規範及譯本的風格等問題有

以致之。同時，我們已經知道十五世紀中葉以前，由於印刷術不成熟，書籍印刷規模有限，很難普及。

　　路德於一五二二年開始翻譯《聖經》，依據的是著名的人文主義者伊拉斯摩斯的拉丁文本。在此之前，他深入研究過《聖經》的拉丁文和希臘文本。經過十二年努力，到一五三四年，他終於全部譯完，並做了序言和詳細的詮釋。一五四五年，在他逝世前一年，他還精心校閱、修改過當年出版的全譯本。翌年，在他去世時，他翻譯的《聖經》共出了四三○版。據說，平均每十七個德國人中就有一個擁有路德的《聖經》。

　　路德通過翻譯《聖經》，進一步促進了宗教改革的深入和發展。《聖經》德文本及其詮釋和序言傳播了路德的宗教思想。由於《聖經》的普及，使過去掌握在少數人手裡的東西，現在大家都能得到了。它同時極大地削弱了羅馬教會對《聖經》的解釋特權。甚至可以說，《聖經》成了人民反對羅馬教會的武器。

　　《聖經》德譯本的普及加深了德國的民族意識，為德國教會走上民族化道路，實現宗教的獨立，起了很大的作用。

　　路德翻譯《聖經》，在德國語言和德語文學方面所起的作用是十分巨大的。此次翻譯規範了德語，吸收和改造了方言土語。他採用薩克森地方的官方語言為基礎，較多地吸收了圖林根地區的方言。直到現在，薩克森州漢諾威語言仍是標準德語之一。路德的語言準確、優美，後來有很多詩歌、戲劇，甚至唱詩班，都使用他創新的德語。恩格斯認為他「創造了現代的德國散文」，海涅讚賞他「創造了新文學用來表情達意的語言」。路德的德語很快普及到整個德國，幾乎成為全德書面語言的教科書。

　　如果沒有路德對德語的規範、純淨、美化，德國後來文化

的發展，特別是文學的巨大成功，是不能想像的。與此同時，統一的民族語言的形成不僅將推動德國民族文化的發展，還將促進德意志各邦經濟貿易的交流與發展，為統一的民族經濟市場的出現準備了極其重要的條件。

新教倫理與資本主義

　　宗教現象與經濟現象之間到底存在著什麼樣的關係呢？有人認為：「經濟現象決定宗教現象。」這可以馬克思的「唯物史觀」為代表。馬克思認為：「物質資料的生產是整個社會的決定性力量，生產力決定生產關係，經濟基礎決定上層建築。」還有一種相反的意見，認為宗教現象是決定性的。

　　這讓我們立刻想起馬克斯・韋伯。長期以來，人們就是這麼認為的。事實上，也許還是有些出入。我們知道，韋伯不是單因論者，他強調多種因素的相互作用。他從來沒有把經濟看成是宗教的單一函數。他在《宗教社會學論文集》中明確指出：「所有的說明（所有「型」的社會現象的說明）應當首先考慮經濟條件。但是，這種說明不應當忽視了反面的因果關係……生活的實際方式最先遇到的是心靈範疇的障礙，一種經濟的合理組織的發展遇到的障礙更大。在過去，作用於生活方式的最重要原因主要是屬於巫術和宗教的那些力量和以這些力量為基礎的義務倫理觀念。」正是在這層認識的前提下，他提出了「宗教的經濟倫理」。

　　韋伯的《新教倫理與資本主義精神》研究了這種反面的因果關係，企圖用宗教的力量說明近代的經濟制度。

　　韋伯認為新教倫理徹底摒棄了基督教的古老箴言之一：

「同塵世分離。」如此一來，它就也摒棄了嚮往來世的禁欲主義、苦行主義，而代之以現世主義的虔敬、謙卑、嚴肅、誠實、勤勉和節儉等德行。在《新約聖經》的《馬太福音》第25 章中，耶穌以天國為喻，說：有一個人要他的三個僕人做買賣賺錢，「按各人的才幹給他們銀子」。到算帳時，主人對賺了錢的兩個僕人說：「你這又善良又忠心的僕人……可以進來享受主人的快樂。」斥責那個沒有賺錢的僕人：「你這又惡又懶的僕人！」主人把他丟到外面的黑暗裡。

這種入世主義的態度對資本主義精神的形成起了最基本的作用。這種態度的形成當然不會只有一個來源，如文藝復興以來的人文主義思潮就功不可沒。但作為一個教徒，如果與他的宗教倫理觀念抵觸，是不能想像的。另外，作為新教徒，不應當是迷戀現世的，他們用德行和財富努力救贖自己，這些財富只能擁有，但不應該用來享受。新教強調：經濟活動是一種嚴謹的「服役」，是一種事業。

新教中有一個詞「職業」（Beruf），是路德創造的。路德在用德文翻譯《聖經》時，把拉丁文 vocatio。（聖召）譯為 Beruf。聖召指聽從上帝的召喚，而職業更多地指稱「職業勞動」。韋伯對「職業」這個詞做了深入的語言學分析，指出舊教裡不存在這個詞，它是一個純粹的、本質上屬於新教的詞。Beruf 不能簡單地譯為 profession（職業），它與「由上帝安排的工作」這個意思相聯繫。這樣一來，人們就把 Beruf 看作必須承擔、不可懈怠地去圓滿完成的義務。

這些都體現了資本主義精神的一些重要方面。可以肯定地說，新教倫理對資本主義精神的形成起了很重要的作用——即使它還不算是決定性作用。

宗教改革與法律

西方的法律傳統浸漬了基督教的影響，法律上一些偉大原則的確立與基督教關聯密切，有些條文甚至是從基督教的教義中直接引申出來的，有些規範則是從基督教的歷史經驗中發展而來。

法律史家發現：為美國憲法中一系列權利條款奠定基礎的主要不是啟蒙學者美妙的理論，而是早期基督教殉道者反抗羅馬法律的勇敢實踐，是十七世紀清教徒保衛其信仰和良心不受侵犯的無畏抗爭。用美國法學家伯爾曼的話來說就是：「現代西方國家的法律制度就是建立在過去兩千年中基督教所創造的各種心理基礎和許多種價值上面的。」

歷史上，基督教與法律關係是如此密切，以致宗教不僅產生了法律的原則，而且教會成了立法機關。在路德進行宗教改革之前，一直存在著世俗當局與教會各自擁有的兩套法律制度。路德的宗教改革通過使教會失去立法職能，從而結束了兩套法律制度共存的局面。路德逐漸使教會成為一個鬆散的組織，它不再具有政治功能和立法職能。這樣一來，就把立法權完全交給了王國或公國。

實際上，在此之前，馬基維利在《君主論》中已經比較詳細地討論了「國家」這個概念，用以指純為世俗的政治秩序。從某種程度上也許可以說，新教改革者都是馬基維利的信徒。他們對人能創造可反映永恆法之人類法的力量頗表懷疑。也許從這時開始，法律開始喪失了宗教的神聖性。這反映了新教的懷疑主義。正是這種懷疑主義，使法律實證主義的出現成為可能。

實證主義理論認為：法律在道德上是中立的，它是工具而

非目的，是表明主權者之政策並保證它被遵守的手段。法律的世俗化和法律實證主義的出現，是宗教改革貢獻於西方法律傳統的一個方面。與此相關的另一面是，新教把法律從神學教條和教會直接影響下解放出來，致使西方法律進入一個嶄新輝煌的發展階段。

德國著名法學家魯道夫·梭姆說：「馬丁·路德的宗教改革不但更新了信仰，而且重塑了世界——不但是精神的世界，還有法律的世界。」

由於新教對自由意志的強調，從而更新了對於個人的觀念。這種新的觀念認為：由於上帝的恩寵，個人有通過運用其意志以改變自然和創造新的社會關係的權利。這種觀念的更新是近代法律發展的重要源泉。例如，在早期天主教傳統中，臨終遺囑一直是人用來拯救自身靈魂的慈善性贈與，但現在它變成了支配社會關係和經濟關係的手段。通過明白地表達自己的意圖，立遺囑者可以自由處分其死後的財產。

Chapter 8
接吻不能生孩子

接吻不能生孩子

　　國民性或民族性真是個無所不在的東西，它如影相隨，如鬼如魅，深刻地影響一個民族、一個國家的各個方面，給它們打上烙印。德國的古典人文主義雖然也具有個人主義、人道主義這些特徵——這和其它國家的人文主義一脈相承，是共性的東西，它們構成的一系列價值標準被認為是德意志傳統裡的高尚因素。這些價值與普魯士的軍國主義傳統是完全對立的。它也是歷史學家所津津樂道的魏瑪共和所承襲的傳統，後來各個時期的自由主義者都從這一傳統受到了鼓舞和指引——然而，正如尼采所批評的：德意志人的靈魂裡有長廊、有通道、有洞穴、有地牢。如果德意志自由主義者沿著尼采發現的這些長廊走下去，立刻就遇到了陷阱。分裂性是德意志民族性的重要一面。德國的古典人文主義者對精神和現實做了嚴格的區分。

　　古典人文主義者在文化和精神問題上是令人敬佩的鬥士，在這裡，他們追求絕對的自由。然而，在政治上，在行動上，在公民權問題上，他們卻瞻前顧後、畏縮不前，甚至表現出冷漠和輕視。

　　天才如歌德，似乎是從天國俯視芸芸眾生，表現出一派漠不關心的態度，有時甚至近乎冷酷。因為歌德認為：「一切天才超越於道德之上。」他的一個同時代人這樣描寫他：「他的一隻眼睛顯示出他是天使，另一隻眼睛顯示出他是魔鬼。他關於人類事物的一切談話都是深刻的諷刺。」歌德說，他的「每一首詩都是給世界的一個吻。」

　　海涅接著他的話說：「但接吻並不能生孩子。」海涅說：歌德的作品「像美麗的雕像裝飾花園一樣裝飾著我們的文學，但它們只是雕像，你可以愛上它們，但它們不會生孩子。」

偉大的哲學家康德，他的倫理學強調個人意志的自由，卻也造成了道德和法律領域的致命分裂。

在人類精神的領域，他們樹立了高尚的價值標準，但在人類的日常生活中，在粗鄙的物質世界中，他們卻並不期望他們的標準會產生任何作用。在這裡，弗里德里希的名言「唯有服從」是至高無上的。正如詩人席勒所說──

> 你又須從窘迫的生活中出逃，
> 逃至神聖而寧靜的心靈空間！
> 自由只存在於夢寐中的王國，
> 美麗的花朵只在贊歌中開放。

自由只存在於夢寐的王國、精神的王國，它不在世俗生活裡開花。這表現了德意志人對自由的渴望嗎？

強調精神世界與現實世界的分裂，是德意志精神文化傳統的重要組成部分，是德意志民族性的重要反映。斯達埃爾夫人在《論德意志》中這樣寫道：

> 德意志人不能忍受文學中出現規則的束縛，他們要求按照自己的行為，把一切描繪出來……他們不知道如何同他人打交道。在這方面，需要他們自己決定的時候愈少，他們愈是滿意……德意志政府的性質幾乎是同德意志人受到的哲學啟示相對立的。由此產生的結果是，他們將思想上最大膽與最順從的性格結合在一起。軍事國家的突出地位和森嚴的等級劃分，使他們在社會生活關係中習慣於絕對服從。對他們來說，服從是常規，並非卑躬屈節；他們執行命令一絲不苟，枕像每個命令都是應盡的義務。

人的世界既包括精神世界，也包括物質世界；人既是靈，也是肉。德意志古典人文主義者所關注的是精神，是靈。在這裡，他們就像展翅高飛的雄鷹。與此同時，當他們回到世俗生活，卻變成了聽話的哈巴狗。那個時候的德意志作家尚·保羅說：「上帝給法國人的是土地，給英國人的是海洋，給德意志人的卻只是空氣。」按照「種瓜得瓜，種豆得豆」的原理，恐怕這是得其所哉。

「傻博士」受尊重

人們經常略帶幽默地發發牢騷，是一件大好事。生活中不如意事十有八九，悶在心裡，對身體不好。毛澤東說：「牢騷太盛防腸斷。」其實，牢騷有沒有，是否太盛，不是我們所能自主的；我們能做的大概就是搞一條通道，讓它順利地，於己於人都不會造成太大衝擊地釋放出來。

前幾年，有句話就說得很好：「教授教授，越教越瘦。」有點辛酸和無賴，可以稱為黑色幽默吧！

人們說：德國人不懂幽默。也有人不這樣認為，他們說：德國人擅長黑色幽默，老外經常聽不懂。哲學家杜蘭特就反覆提醒我們，十九世紀的德國哲學裡有很多幽默故事。像叔本華，他的書雖然充滿絕望，但寫得詼諧輕鬆。他的《作為意志和表象的世界》裡就有這樣一個故事：一個整腳演員，表演欲望很強。在舞台休息的間隙，他牽了頭驢上台表演。本來沒有這個節目安排，觀眾當然轟他。不料那頭驢大概受了觀眾態度的刺激，忘了不能隨地大小便的規矩。這下一發不可收拾。這

個演員很著急，便使勁罵他不爭氣的驢：說過不能即興表演，你怎麼就是不聽！

不知道是因為德國的博士、教授日子比我們好過，還是比我們聰明，或是德國人真不懂幽默，總之，人們對教授、博士，就像英國人對待真正的紳士一樣，總是那麼尊敬。特別令人驚奇的是那些博士們把博士帽看得比烏紗帽還重，簡直當成了寶貝，自己念念不忘還不算，希望人家也經常掛在嘴邊。就像一位並不漂亮的女士，總希望別人對她說——你真美！這一點，甚至德國的鄰居們也印象深刻。

著名的匈牙利記者兼作家喬治·麥克斯這樣說：「他們（指德國人）從不願放棄自己的頭銜。如果你在某個晚會上，稱呼一個德國人二八三遍，那麼你必須二八三遍使用他的全頭銜；如果他有兩個博士頭銜，那麼你就必須說：『某某博士某某博士先生！』『先生』說一遍就夠了，但『博士』必須說兩遍。我一開始以為這大概是個笑話，甚至是個不友好的笑話。直到我在許多德國公務員家門口的牌子上親眼見到上面寫著『某博士某博士』，我才徹底地啞口無言了。」

這種情況真是妙不可言！看來，全世界的博士都有些傻。

麥克斯接著說：「要做一個德國人，你必須學會向人講解那些人人都已懂了的東西。但是，你必須用充滿學術氣的音調講，就好像你剛剛——人類思想史上第一次——發現，二加二原來等於四，鳥是在空氣中飛的。你要裝得滿腹經綸，經常在談話中引用一些原版的古希臘作品。有機會就抖一點知識出來，證明一下你是擁有它們的。做這一切時，你必須顯得非常真誠，有一顆金子般的心，但在節奏上又不操之過急，就像剛出生的小象散步時那樣慢悠悠。」

這段描述充滿幽默、誇張，還夾雜著一些嘲諷的意思。不

過，它帶給我的總印象卻是：德國人是一個愛智的民族。他們簡直把日常生活當成了學問、文章，把隨便閒聊當成了學術探討。他們生活中精細、講究條理、從容不迫的態度，可說是從事文化、學術活動最好的態度。他們異常精細的思維方式，在日常生活中常常會鬧出一些笑話。

曾經有一則寓言這樣說：如果在路上掉了一分錢，日本人會立刻報告警察，英國人會紳士般地佯裝不知，德國人則會在原地畫上坐標系，然後一寸一寸地仔細丈量，確定這分錢的精確位置，最後再討論是否該拾起這一分錢。等他們最終決定，還是應該拾起它而回頭過去的時候，才發現錢早已不知去向。德國人的這種特點甚至還在一些重大事情上表現出來——一個令觀察家大感興趣的現象——每當國際上發生重大的政治和經濟新聞，來自萊茵河的反應總要比來自塞納河和泰晤士河的慢半拍。

小子，別太狂！

我們中國人一直認為謙虛是一種美德。古語說：「謙受益，滿招損。」我們對謙虛總是極盡讚美，而對謙虛的反面，不管人家是自信還是狂妄，統統認為是露才揚己，作為一種不成熟的標誌而加以責備。這大概體現了一種東方的智慧——明哲保身。

德國人卻一點也不謙虛。不僅如此，他們好像對謙虛懷有敵意。在他們看來，謙虛無異於卑躬屈膝。德國人有一種勇往直前的幹勁，他們不屑於躲在謙虛的背後，祈求保護。他們經常鄙視道德，因為他們認為道德是弱者用來限制強者的武器；

他們不願意成為弱者，甚至不同情弱者。在善惡之間，德國人並不總是站在善的一邊。黑格爾對「惡」的社會作用的強調是眾所周知的；尼采甚至要求人們變得更殘酷，更惡，他的「超人」是超越於善惡之上的。在這條路上，與超人一起前行的還有叔本華的「天才」、卡萊爾的「英雄」、華格納的「齊格弗里特」、席勒的「卡爾·摩爾」和歌德的「戈茨」。

我們來看看尼采自信到了什麼程度。他說；「將來有一天，我和海涅是最偉大的藝術家，是德國歷史上絕無僅有的藝術家。任何卓越的德國人，哪怕他竭盡全力，也只能被我們甩在後面。」他在形容自己的文章時說：「我的風格龍飛鳳舞，每一句都如一支鋒利的長矛。言語流暢，遒勁有力，形象生動，這是劍客式的風格——神速，金光閃閃。一般人見了，會感到目不暇接，頭昏目眩。」他曾預言，未來的世界會將歷史劃分為「尼采之前」和「尼采之後」。當他沒能得到時代的賞識時，他說：「我的時代還沒到來，只有未來的未來屬於我。」

在這方面，能趕得上尼采的是叔本華。叔本華有一本名著，叫《作為意志和表象的世界》，他對自己的這部書十分自信。寫成後，他想讓人刻一個斯芬克斯自投地獄的像。斯芬克斯之謎的謎面是這樣的：有一種東西，早上用四條腿走路，中午用兩條腿走路，晚上用三條腿走路。這獅身人門的造物許下諾言：一旦他的啞謎被猜破，他就自投地獄。這個謎語乍一看並不難，是「人」。但是，謎語中暗藏機鋒：人是什麼呢？有誰敢自信地說：「我知道！」這個謎語已經出了兩千多年，遇上叔本華，才有人自信破解了。但叔本華這部破了千古之謎的書銷路並不好，大部分只能做為廢紙處理。叔本華並不發急。他說：「這部書好比一面鏡子，如果一頭笨驢來照，你就不能

期望反映出一個天使來。」也有一些人為這本書叫好。這回叔本華該高興了吧？也不！他說：「如果一個音樂家知道聽眾幾乎全是聾子，他也知道有一、兩個人是為了藏拙而在那裡喝彩，那麼他還會對他們的高聲喝采感到高興嗎？」

　　不論是尼采還是叔本華，都讓我們想到「狂妄」，儘管我們很難說他們無知。尼采曾說：「智慧的增長，可以通過辛辣尖刻的減少，得到精確的衡量。」無疑地，尼采知道「狂妄」——一方面表現為對自己盲目自信，另一方面表現為對別人辛辣尖刻——是不利於保護自己的，這是我們東方的智慧已證明了的。難道尼采真會承認他自己沒有智慧嗎？也許他只是幽了我們一默，他拋棄了我們的智慧而擁有另一種智慧吧！

僕從精神

　　魯迅作為一個思想家，他的傑出貢獻集中地表現在對中國國民性的深刻批判。他認為「奴性」是中國人最大的特點。這一點與德國人十分相似。借用一句時髦的話：國民性是一種文化積澱的結果。要追索這個結果，我們最好去看看歷史。因為我們今天這個樣子是由昨天所決定的。

　　我們知道，德國作為一個民族國家，大器晚成。如果說，英、法兩國很早就是一個民族國家，德國則沒有那麼幸運，德意志民族國家一直到一八七一年普魯士統一德國之後才出現。在這之前，德意志是個大雜燴，處於實際上的分裂狀態。著名學者葛劍雄曾說，中國歷史分裂的時間要長於統一的時間。這要看如何計算？也就是如何算分裂，如何算統一？我們也許有不同的看法。但注意到「分裂」這樣一個歷史事實，的確是非

常有意義的。毫無異議的是，德國分裂的時間肯定大大地長於統一的時間。分裂和統一對一個民族、一個國家國民性格的影響，還有待進一步的研究。這裡，我想強調的是這一點，即德國與英、法等國相比，幾乎沒有經歷過資產階級啟蒙運動的洗禮，更未能通過一場資產階級的革命，推翻封建主義和絕對專制主義。當十九世紀下半葉經濟起飛，工業和國家機器迅速現代化的時候，德國人的精神世界依然停留在封建主義和絕對專制主義的時代。在當時的大部分德國人身上，一種精神方面的落後性及國家機器和經濟的現代性便奇特地踩合在一起。表現在民眾方面的則是一種非同尋常的奴性。我們稱這種德國人的奴性叫「僕從精神」。

德語裡有一個詞：zivilcourage，意思是「普通民眾的勇氣」。從內涵來講，這個詞的意思是對不合理的事情挺身而出，見義勇為，表現出作為一名普通民眾的勇氣。這樣的要求自然屬於道德的範圍。一般說來，一個民族或一個社會要正氣抬頭，Zivilcourage 是必不可少的。但是，它的前提必須是透過民眾的成熟、理性的思考。如果不是這樣，那麼所謂的 zivilcourage 是極為危險的。納粹時期，相當一部分德國人曾積極地為納粹充當耳目，便使人想到這種危險性。那時人們倒寧可德國人沒有這份「正義感」，變得灑脫或玩世不恭一點，因為這樣的「勇氣」和「正義感」是盲目的，不是基於人們的成熟、理性的思考，而是基於德國人對原則、權威的偏愛和依賴。

匈牙利著名記者麥克斯在分析德國民族性格與二戰起因時這樣說：「納粹法西斯之所以在德國產生、壯大，而不是在英、法兩國，主要原因並不在於一般人們所說的，英、法兩國具有悠久的民主傳統，而是在於英、法兩國的人民具有幽默感

和灑脫，而德國人卻是事事認真，認真到越是瘋子般的狂語越是有人相信。獨裁者在英國不會有市場，因為英國人會以他們的幽默感將他們嘲笑個夠，最終使他乖乖下台。而在德國，他則會被奉為聖人，受到頂禮膜拜，最後相當一部分民眾會成為他的信徒，甘願為他赴湯蹈火。」

　　一個複雜事物的原因總是極為複雜的，我們也不必過分計較，哪個是主要原因，哪個是次要原因。並且，這些原因本身有如一條鎖鏈，還有相互的因果關係。可以肯定的是，缺乏民主自由的傳統，肯定是納粹興起的重要原因。

　　我們在分析德國人的僕從精神時，如果順著歷史逆流而上，看看普魯士的道德觀，也許可以使我們明白更多。很多德國人的基本行為準則都可以在邊遠的過去找到痕跡，如德國人講究儀表整潔、愛乾淨和遵守紀律等等。還有德國人的守時——德國人的時間觀念大概是最強的。希特勒的閃電戰搞得整個西方世界措手不及。有一幅有名的漫畫，畫的是一個德國人的頭像，額頭上掛著一個鐘。

　　說起普魯士人的道德觀，最早可追溯到十字軍東征時期。當時為了東征的需要，歐洲各地都出現了不少職業兵團。在德意志北部，當時有一個條頓武士團，是一支實力強大的雇傭軍，由此形成了「條頓武士精神」，其特點是尚武、效忠首領和遵守紀律。十六世紀初，條頓武士用武力統一了普魯士地區，條頓武士精神開始在普魯士地區盛行。十八世紀初，普魯士正式形成一個王國，之後，其力量不斷壯大，短短一七〇年之後便成了主宰德國的領袖。

　　在這段過程中，普魯士軍官階層的道德規範便也不再局限於軍營範圍之內，而成了整個德意志帝國的道德準則，普魯士軍官由此成為人的完美化身。歸納起來，普魯士軍官階層的道

德規範主要有遵守紀律、守口如瓶、尊崇權威、服從命令、履行義務、為了祖國和國王英勇無畏；從行為規範來說，主要有儀表整潔、準時、嚴肅及辦事精細等等。

在歷史上，普魯士道德觀對於維持德國社會的秩序和高效率曾經起了很大的作用；作為一種文化心理的沉澱，它在今天的德國社會和國民身上依然有著某種顯現。然而，它的負面作用也很明顯，那就是加強了德國國民性格中非凡的僕從精神。可以說，普魯士道德觀集中體現了德國人的國民性格，它對於現代社會來說，是一種落後性和現代性的奇特糅合。

就此而言，甚至可以說，德國歷史上一些傑出的知識分子也不能倖免，也未能擺脫這種僕從精神，有的甚至在搖旗吶喊。最典型的莫過於尼采。他的「超人」似乎超越於道德之上，事實上，拔著自己的頭髮，跳得最高，也不可能離開地球。你看他這樣說：「我的出發點是普魯士的士兵——這裡有真正的法規，這裡約束性強、態度嚴肅、紀律嚴明，且儀容整潔。」在尼采看來，這一切都是為了一種特殊的「德意志使命」。他說：「我們再次充滿希望，我們德意志的使命尚未結束！我比任何時候都更加勇敢，因為在法國人和猶太人的淺薄和『高雅』之中，並非一切都已毀滅。勇敢尚存，這是德意志的驕傲。」尼采公開倡導國民的僕從精神。他說：「如果希臘人真的是因為其奴隸性而遭毀滅，那麼更加肯定的另一種情況則是：我們將因缺乏奴隸性而走向毀滅。」他甚至因此反對工人爭取平等權利的鬥爭，認為：「不公正的原因從來不在於不平等的權利，而在於要求得到平等的權利。」

我不知道中國人為什麼只說「知恥近乎勇」？其實，反過來說也許是一種更普遍的現象。我不知道查拉圖斯特拉對尼采有什麼反應？我猜想，查拉圖斯特拉會如是說：「庸人！我不

是你的兒子！否則遺傳基因怎麼一點作用都沒有呢？」

坦率地表明自己的好惡

　　屬於不同社會群體的人有著不同的行為方式。上流社會的言談舉止與下層社會有很大的不同，這是清楚不過的。平時我們老百姓對一些名人——如影星、政客等表示羨慕的同時，也會明顯地感到隔膜。他們的想法與我們有很大的不同，他們的行為，我們難以模仿。這種情況是如何發生的呢？首先是因為價值觀的不同。我們所珍惜的，他們不屑一顧；我們覺得做人要誠實，他們覺得這是大傻帽。其次，他們的情感方式也與我們大不一樣。我們渴望真情實意，他們喜歡逢場做戲。行為方式不僅因社會階層不同而異，大到各個民族、各個時代，小到各種小的專業圈子，都有自己特定的行為方式。甚至一些社會群體的劃分，在很大程度上是以他們行為方式做出區分的。

　　人們用農民、貴族，英國人、德國人，現代人、中世紀的人這樣的概念指稱一定的社會群體。儘管這些人在個性上千差萬別，可是，他們的行為方式在某些方面總是一致的。這當然目某就它與其他社會群體做比較而言。另一方面，農民的行為與宮廷侍臣的不同，德國人的行為與法國人的不同，中世紀人的行為與二十世紀人的不同——儘管他們有許多相同之處，因為他們畢竟都是人。

　　今天我們一般把真誠和坦率看作德國人的特徵。這種情況與英、法等國講究社交禮貌形成了對立。一般說來，在英國和法國，上流社會對整個民族的發展所起的作用很大。以宮廷為中心的上流社會，在英、法社會中具有很大的影響力，他們所

建立的行為模式、情感及價值觀，為社會各階層所模仿。在這樣的社會中，他們必定注重社交生活，看重繁文縟節。他們必須設法與別人和睦相處，必須顧及他人。

人們經常警告自己：不要感情用事！由於眾所周知的原因，德國長期處於分裂狀態，宮廷顯得狹小而封閉，影響力十分有限。在十九世紀以前，德國人等級之間界線非常分明，上流社會沒有能力吸收中等階級加盟。他們與中下等階級之間甚至不說同一種語言，不讀同樣的書，他們的禮儀、規矩、服飾、擺設等等都照搬法國宮廷的樣式。

這樣一來，中等階層就形成了獨立的行為模式。這一點在愛克曼與歌德的談話中說得非常清楚：「通常，在社交的時候，我總是帶著個人的好惡，以及一種愛和被愛的需要。我尋找生性與我相似的人，我願意與這樣的人深交，而不願與其他的人打交道。」歌德回答說：「您的這種自然傾向顯然不是一種好的社交方式。如果我們不用文化教養克服我們的自然傾向，那它還有什麼作用呢？要求旁人的意見都和我們相投，那是很愚蠢的，我從來不幹這種蠢事。所以，我才學會了與各種類型的人打交道，才學會了認識各種不同性格的人和為人處世之道。因為在跟那些與自己生性相反的人交往時，只有嚴於律己，才能與他們和睦相處。您應該這麼去做，別無選擇；您只能投身到這個上流社會中去，不管您喜歡它還是不喜歡它。」

很顯然，愛克曼的行為方式是具有典型意義的。雖然歌德無疑是個有個性的人，但由於他的社會經歷，他所處的社會位置，他的看法對德國中等階層來說，反倒沒有典型的意義。在這裡，他明確地道出了作為一個宮廷侍臣和一個善於交際之人的經驗。歌德認為，必須收斂自己的感情，必須抑制自己的同情和反感，在上流社會的交際中必須如此。然而，處於另一種

社會狀況，具有另一種感情色彩的人則會認為這是虛偽和不正直。他看到了禮貌的社會意義，對精通世俗持肯定意見。然而，他的意見只屬於少數人的意見。他所主張的行為方式，在英、法起著更大的作用。在英、法，人們對此視為理所當然，當然也不會像歌德這樣，反思這個問題。

中等階層的行為方式逐漸發展為德國民族的行為方式。幾十年後，尼采將這樣的一種行為理所當然地視為典型的德國民族的行為。同時，它在歷史發展進程中不斷地被修正，以至於不再具有與愛克曼時代相同的那種社會意義了。尼采對此進行了諷刺。他在《善與惡的彼岸》中說：「德國人喜歡『坦率』和『誠實』，坦率和誠實是多麼令人舒服啊！在今天，這種坦率、親切、德國式打開天窗說亮話的誠懇態度也許是德國最危險，也是最幸運的偽裝了。德國人從不掩飾自己的感情，總是瞪著一雙忠誠、空空如也、德國式的藍眼睛──外國人很快就把他和他的睡衣混淆起來了。」（這裡意指：外國人很快會覺得德國人索然無味。）

德國小說家馮塔納在《倫敦之夏》中對英國做了這樣的評價：「英國和德國之間的關係猶如形式和內容、現象與實質。在注重事物的實質方面，世界上從未有一個國家像英國那樣，達到一種純粹的地步。相反，對人的看法，在這個國家卻只注重形式和流於表面的東西。你不必是個紳士，只要有辦法使自己看上去像個紳士，那你就是紳士了；你不必有理，只要在形式上顯得有理，那你就有理了……到處都是表面現象。任何國家的人都不會像英國人那樣，盲目地崇拜一個光輝的名字。」他接著寫：「德國人活著是為了生活，英國人活著則是為了顯示自己。德國人活著是為了自己，英國活著則是為了別人。」

我們可以從這裡看出，馮塔納所指出的英德之間的對立，

與愛克曼和歌德之間的對立觀點恰好不謀而合。愛克曼說：「我坦率地表明自己的好惡。」歌德則說：「人必須克己而與他人相處。」

德國人的這種生活和行為，在今天看來，無疑會被認為不善交際。然而，它表現了德國人的自我意識。首先是德國某些階層在體現自我價值，表現自身特點及行為方式等方面的不同，然後還有民族之間在這些方面的不同。

子虛烏有的邏輯關係

一九九一年九月二十二日凌晨，德國東部薩克森州一個只有十二萬人口的城市霍爾斯維達爆發了震驚世界的難民被襲事件：一群身強力壯的德國青年一面罵著髒話，一面向幾座樓房的窗戶扔擲空瓶子和鐵球。事件發生後，世界輿論反應極為強烈，這次事件成為許多國家報紙的頭條新聞。在德國國內，具有開明色彩的《時代》周報驚呼：「德國重又變得醜陋了！」最大的新聞周刊《明鏡》將一名霍城襲擊事件受害者的話作為封面故事的標題：「寧可死，也不到薩克森來！」一九九一年九月二十二日，小城霍爾斯維達進入了德國歷史。如果說，在這之前，德國國內新法西斯排外傾向尚不令人注意，那麼在這一天，這種傾向終於第一次以暴力形式表現出來。然而，霍城事件只是開端，一連串更大規模的襲擊外國人事件還在後頭。一九九二年八月二十三日，當夜幕降臨時，德國東部城市羅斯托克的難民營火光沖天。這一次，年輕的德國人不僅使用了石塊、酒瓶，還用上了汽油彈。令人震驚的是，這不僅是幾個青年的暴行；更令人關注的是，向以反應迅速著稱的德國警察接報以後姍姍來遲，以及當地

居民對暴力的狂熱支持。當警察將新納粹分子押上警車時，一些居民竟然高喊：「德國人不抓德國人！」

根據統計數據，一九九一年頭三個月，德國發生襲擊外國人事件廿六件，到同年九月即上升至二二〇件，其遞增速度是驚人的。與此同時，對新法西斯活動表示同情的德國人也從一九九一年十二月的 24％上升到一九九二年六月的 38％。

德國人的排外情緒真的是歷史重演了嗎？

德國在一九九〇年重新獲得統一之後，接受了不少難民。一個統計數據通過媒體的傳播，攪亂了人們的心：一九九〇年，德國接受的難民十九‧三萬人，占西歐國家接受難民總數的 46％，而且這一數量還在增加。應該說，伴隨著德國的統一，這個數字並無多少新意。一九四五年後，鑑於德國侵略周邊國家的歷史，以及二戰時許多國家曾大量接納德國難民，德國一直執行了一條較為寬鬆的難民政策，接受的難民數量超過其它國家。這是一個幾十年來的事實，德國公眾對此並不陌生。這麼一個沒有新意的數字之所以引起轟動，關鍵在於它發表的時機，以及與之相聯繫的其它因素。傳播學者的研究表明：將不相干的事實組合在一起，在特定的條件下，可構成一個全新的邏輯關係。

舉例來說：A 對 C 說：「明天我去巴黎，B 今晚請我吃餃子。」聽了這話、C 腦中的邏輯關係自然是這樣的：A 要出遠門了，B 為 A 餞行。誰知第二天 B 卻對 C 說：「哪裡啊！我根本不知道 A 要去巴黎，吃餃子純是巧合。」如果 B 不是撒謊，那麼事情就很清楚：A 以這種對事物的特殊組合方式達到了一個目的，即在別人腦中製造了一個原本完全不存在的邏輯關係。對 A 的動機，人們自然可以有多種猜測，但你能說「明天我去巴黎」和「今晚 B 請我吃餃子」這兩句話單獨看

不是事實嗎？

　　一九九一年，德國關於難民問題的討論正是這樣，與難民數據組合在一起的另一個事實是：由於德國統一，東部社會極度動盪，西部生活水平有所下降。於是出現了下面的**邏輯關係**：「接受難民過多，我們生活水平下降。」或「德國社會不穩，無力接受難民。」這樣的邏輯關係是否存在呢？我們並不否認其中的兩個事實的確有些聯繫，但它是一個不充分的邏輯判斷。隨之會出現的另一個邏輯關係是：「只要限制難民入境，德國形勢就有望好轉。」

　　誰都知道，在複雜的政治、經濟和社會問題面前，用「只要……就」這樣的句式尋找解決，顯然是一種簡單化的處理方式。這種處理方式在德國歷史上屢見不鮮。斯達埃爾夫人說：「德國人擅於把簡單的東西複雜化。」看來，這指的只能是就他們的思想、學術而言。在社會生活中，他們遵循相反的規則——把複雜的東西簡單化。別忘了德國人思想、學術與他們的社會生活之間，經常是分離又對立的。

性格與法律

　　當今世界各國，大概已經找不出一個沒有法律的國家。極權國家也有法律，但夠不上法制國家，有人恰當地稱之為「法治」國家。德國當然是一個法制國家，並且從立法的周密性和執法的嚴格性來說，很少有國家達到德國的水平。德國社會的高度法制化與德國國民性格之間是否存在內在的邏輯關係呢？

　　的確，德國人的頭腦似乎天生就是用來制定與遵守法律的。有人說，如此眾多繁瑣複雜的法律，只有像德國人那樣具

備窮盡一切瑣碎事物之本領的人才能制定出來。同樣，要遵守這些繁瑣的法律，也需要似乎只有在德國人身上才達到登峰造極的那種對原則的忠誠。有了法律，德國人對秩序的偏愛才能得到滿足，他那顆浮躁的心才會安定下來。如果沒有這個東西，那麼他就會想方設法弄一個出來。而憑德國人窮盡一切瑣碎事物的本領，做到這一點並不難。有人曾經做過一個比較：中國人見面的問候語常是：「吃過飯了嗎？」德國人則是：「一切都符合秩序嗎？」一個是對食文化的偏愛，另一個卻是對秩序的執著。

德國人對秩序的偏愛，導致有時賦予原則、規章不恰當的地位，讓人哭笑不得。一九九四年，德國舉行某項學術會議。路費可報銷。但為節約起見，希望與會者儘量使用「火車卡」（一種通用一年，售價為二二〇馬克的坐車憑證；憑此一年內乘坐德國境內任何列車，一律半價）購票。三位中國學者從某城趕來開會，買的是小型團體票。從實際票價來看，小型團體票比三個人每人單獨用「火車卡」購半價還便宜。不料，報銷時遇到了麻煩。由於規定中沒有小型團體票一項，因此負責報銷的德國人不肯受理。但問他，如三個人每人單獨購全票，是否可報，回答卻是肯定的。豈知三張全票的價格加起來是一張小型團體票的 5 倍。想不到為對方想出一個最省錢的辦法，到頭來還不如不為他省，好心最終得到了惡報。三位中國學者自然抱怨德國人的呆板。呆板的根源就是「直線式思維方式」：德國人的眼裡大都沒有兩旁叢生的枝蔓，即便看到了，也不會想到去理會它。

整個德國是一張由「呆板」的個人及其所遵守的規則而構成的秩序網。這種秩序網就好比一個棋盤，上面阡陌縱橫，遊戲規則林林總總，使人不敢越雷池一步。只要按遊戲規則辦

事，你就能縱橫自如，游刃有餘；反之便寸步難行，給自己帶來不必要的麻煩。個人就像棋盤上的一個棋子。

這種秩序網的嚴密程度，大概只有我們的人情網、關係網、權力網可與之媲美。在德國人這張秩序網中，你不必擔心兩邊會生出與正題無關的枝蔓，也不必在茂密的人情叢林中穿越，以至最後可能因迷路而一事無成。作為一顆棋子，你雖然必須小心翼翼地遵循規則才能行動，但這些規則使你對棋局一目了然，能否贏局，全取決於你的智慧。

在我們的人情網、權力網中，情況又如何呢？你當然也必須小心翼翼。在其中也有規則，但它不是白紙黑字的規則，全靠你去捉摸體會。路徑大致是如此：多體察人情世故，熟悉權與錢之間的兌換比例。即使這樣，也不能保證你不迷路。這些規則忽明忽暗，忽多忽少，有時候還顯得相當恍惚詭譎；當然，勝算是沒有的，因為你一招失算，也就前功盡棄。在這樣的網中穿行也需要智慧。不過，不是德國人的那種智慧，權且稱為東方人的智慧。簡單地說，可稱之為「捉摸人的智慧」。

如果我們把社會看成是一個大系統，那麼這個大系統就由許多子系統組成。憑藉德國人的精細精神及窮盡一切瑣碎事物的本領，他們把每個系統內部都構築得極其嚴密，無隙可乘。然而，各個系統之間的「真空地帶」卻無法避免。如果把法律看成一套系統，這些真空地帶就是法律的「空子」，鑽這些空子算不得違反法律。

這裡舉一個例子：二戰後，德國一直比較慷慨地接納來自世界各國的難民。按規定，難民申請者在未獲得正式的難民身價前，由申請地的政府部門發給生活費和生活品。於是一些人便同時在幾個城市申請，藉以獲得雙份，甚至更多的生活費。時隔很久以後，這樣的事例越來越多，終於東窗事發。憑著德

國人的精細精神，難道就看不到這些「真空地帶」嗎？要圓滿地回答這個問題幾乎是不可能的。我想，它首先跟德國人的直線式思維有關；其次，跟他們的文化傳統有關。在西方社會，基督教一直具有強大的影響，它的教義也就潛移默化地進入人們的心靈，如誠實、信任、友愛、善意等成為一種維繫人生的精神力量。基督教在西方歷經兩千年而不衰，其影響力超越各種政治力量，幾乎成為社會道德的源泉和基礎。法律的一些空子，其實在德國人或西方人看來，已經用「道德」堵上了。

設想熟悉中國「網」的朋友進入德國「網」中，必然是很有趣的。他們將驚奇地發現，這種網雖然秩序井然，煞是整齊好看，但「空子」特別多。中國人初到德國，會覺得這裡有很多空子可鑽。一時間似乎中國人的智商要大大高於直線式思維的德國人。事實上，很多事情你只要略施小技，就可以既達到自己的目的，又可做得天衣無縫，於是很多人都為自己的「小聰明」而沾沾自喜。但時間長了，如果用良知和理智去思考一下，你就會為自己的行為感到羞愧。

事實上，不是德國人的智商比我們低，而是有些中國人身上有時缺乏一種可以稱之為正義或是正氣的東西。我想，當我們有時候在欣賞自己的「小聰明」時，恰恰忽略了本國人民身上的精神素質。試想想，既然中國人這麼「聰明」，為什麼中國至今強盛不過人家？

原則與秩序

一九六六年夏天，德國新聞周刊《焦點》在住居德國的外國人之中進行了一項民意調查，主題是這些國家的人士對德國

人的評價。調查結果顯示：大多數外國人認為德國人性格古板、冷漠、保守，但令人尊敬。不少人認為，德國人雖然缺乏幽默感，讓人覺得單調，但他們富有智慧、勤奮。其實，這個調查結果早在人們的意料之中。長期以來，人們對德意志人的看法幾乎沒什麼變化。只要和它的鄰國法國、義大利比較一下就很清楚，德國人的確不如他們浪漫、熱情。

有一句話說得也許有些過頭，卻也不無道理：法國人工作是為了生活，德國人生活是為了工作。很顯然，法國人的態度較為可取。他們的情感特別豐富，這是聞名遐邇的；他們的生活偏向於感性；他們能盡心地享受生活的燦爛和美好。這是一個浪漫的民族，因而他們比較可愛。而德國人也許是最為理性的民族，他們太具有智慧，因而老於世故。也許就因為如此，他們似乎不太懂得愛情、生活。有人這樣比較德國人和義大利人：義大利人尊敬德國人，卻不喜歡他們；而德國人喜歡義大利人，卻不尊敬他們。這真有點像王國維說的：有些東西可信而不可愛，另一些東西則可愛而不可信。這世界並非完滿無缺。

在希臘神話裡有這樣一則故事：爭鬥之神擲一金蘋果於眾神之間，果上有字曰：「贈予最美者。」於是朱諾（Juno，天后）、密奈瓦（Minerva，智慧女神）及維納斯（Venus，愛與美之女神）共爭之。特洛伊王子巴黎斯（Paris）作裁判。三神於是各以所有賄賂他：朱諾許以富貴，密奈瓦許以智慧，維納斯許以世間第一美女：海倫。巴黎斯把金蘋果給了維納斯，遂得與海倫偕逃。於是就爆發了眾所周知的希臘和特洛伊之間的長期戰爭。弗朗西斯·培根就此指出：任何人若過於重視愛情，則自將放棄財富與智慧也。西方諺語說：就是神也很重視於戀愛中保持其聰明。這樣看來，德國人的不懂浪漫，就很難說是失還是得了。德國人缺乏幽默也是很有名的。有人曾說：在德國，一年中產生的笑話還沒有巴黎一個晚上多。沒有笑

話，生活裡就少了一些味道，這大概是失大於得了。

德國人是很講原則的，這大概是德國人古板的一面。法國人伯恩哈特．魯斯說：

> 「對德國人來說，沒有什麼比原則更值得令人重視的了。如果這些原則涉及道德規範和行為準則，那德國人忠於原則的決心就會更大……忠於原則在德國是一個可以用來為一切錯誤辯解的理由：某人欺騙了他的同事，給無數人帶來了災難，以及將自己的孩子推進了火坑——這一切都沒有關係，只要他是出於遵守原則，履行義務！原則高於一切，並且永遠正確。為了原則，德國人不惜犧牲自己，犧牲他人……與對原則之忠誠緊密相連的是德國人對秩序的偏愛。在德國人看來，世界上的一切都必須有秩序——秩序統率世界，秩序是人生的一半，秩序是萬物的靈魂。沒有秩序的地方，就不會有勝利。在德國人看來，只有當每樣東西都各就各位，都獲得了符合其性質的地位，只有當準則和規定都被遵守的時候，世界才會出現和諧。」

德國人的這種生活態度，可以稱之為「直線式思維」。在社會生活中，他們辦事認真。他們的大腦猶如他們的打字機、工作室和家裡一樣，被打掃得乾乾淨淨，一塵不染，井井有條。他們的思維就像一條直線，中間沒有解不開的結，兩旁也不會生出許多枝蔓。他們對生活的這份認真，其實也透露出他們的馬虎態度。在社會生活中，他們似乎只願意服從，從不想去詰問。其實，德國人在意的是他們的精神，對他們生活中的柴米油鹽總有幾分輕蔑和漠視。

德國十八世紀的哲學家康德雖然從沒離開過他生活的小

城——柯尼斯堡，然而，他對德國國民性格的分析和他的哲學一樣具有洞察力。他把他的同胞稱為「誠實，卻眼界不廣的小市民」。

他說：「德國人不會像法國人那樣，給社會帶來令人愉悅的活潑。即便在男女之愛的問題上，他們也是那麼重視方法論。由於他們的頭腦一直考慮著得體的舉止、豪華的氣氛和端莊的外貌，因此，家庭、頭銜和等級對他們來說，無論在社會上還是在個人生活中，都有著重要的意義。與義大利人、法國人和英國人相比，德國人更在乎別人對他們的評價，因此他們沒有勇氣展現一個真實的自我。」

見多識廣的歌德對德國人的失望程度比任何其他思想家都更嚴重。他說：「德國人缺乏趣味和自由思想，這個特點使他們非常習慣於在思想上受制於人。」歌德在比較英、法、德三國人的性格時說：「英國人可以用他們健全的理性，他們確切地知道如何將被發現的真理立即用於實踐；法國人可以用他們開朗的視野和切合實際的運作態度羞辱德國人，而德國人卻只會使科學變得越來越深不可測。」

德國知識分子以他們特有的洞察力，幾乎都認識到德國人生活的這一面，他們對國民性格的剖析都驚人地一致。我們且看尼采是怎麼說的：「德國人雖然有能力去從事一些偉大的事業，卻不太可能去身體力行，因為們他太習慣於聽從命令。這種服從權威——聽命、隨從，無論在公開還是祕密場合，便是德國人的道德模式。」

德國人在社會生活中的這種態度，與他們在思想和學術領域所表現出來的精神是不同的。與英、法相比，德國人缺乏自由和獨立的觀念，這與他們長期以來的政治現實分不開。在德國歷史上，這個國家一直由一群愚昧無知的皇親國戚和容克地

主統治著。德國知識分子沒有一個被允許分享他們的權力，哪怕是其中很小的一部分。德國的思想家有如站在一個大馬戲團的籬笆外面，雙手插在口袋裡，從縫隙中看著那些用鞭子馴服和控制野獸的人，不禁發出輕蔑的微笑。由於他們在政治上無所作為的時間實在太長了，於是忘記和放棄了他們的責任。當他們不再在精神的王國翱遊，回到家的港灣，他們從不肯再開動他們的腦筋，只想真正地拋錨休息。

多元文化與移民社會

移民社會與多元文化社會當然是兩個各自獨立的概念。但是，它們之間的聯繫也顯而易見。如果說多元文化社會是一種理想，那麼移民社會則是實現這種理想的必要途徑之一。我們也可以把一個社會是否是移民社會當作檢驗它是否是多元文化社會的試金石。當然，移民社會本身具備操作性，而多元文化社會更多地只是一種烏托邦。

綜觀當今世界現存的各個移民社會，沒有一個稱得上是真正意義上的多元文化社會，人們只要看一下那裡的種族問題便可明白這一點。多元文化社會的實現，要求那裡的人們對於異族文化有極大的容納性，這種容納不是同化，而首先是尊重其獨立存在，包括其風俗、價值觀及組織方式等等，然後在各自作為一個獨立整體的基礎上互相往來，並充實對方及自身。同時，各種文化的和平相處到現在也還在實驗的階段，有一些障礙在今天看來還難以逾越，而這些障礙是不能長時間遮蓋的。這也是我們說多元文化社會是烏托邦的另一原因。

當今世界，各個社會都有一些最基本的價值取向。這些價

值取向，雖然在文明社會越來越獲得一致的認同，它們甚至成為這些國家政治、立法的基礎，但它們與文化傳統、某些宗教觀念之間的衝突是很顯明的。比如人權觀念、民主政治等，這些東西在西方已被視為理所當然，不言自明的東西，在東方卻有著很不相同的理解和看法。比如在西方人看來，暴力、虐待婦女及以各種理由阻礙適齡兒童接受教育均屬侵犯人權的行為，在德國還被看成是犯法行為。但在某些國家，至少在目前，這還屬於其文化傳統的一部分。如果將德國塑造成「多元文化社會」，那麼德國人首先面臨的就是其「人權理念」與尊重異族文化的獨立性之間的衝突。

　　如果說建立多元文化社會是一個遙遠的理想，那麼實現它的漫漫長途就需要一步步地走。首先，必須有實現移民社會的願望和勇氣。而恰恰在這一點上，德國人的步子顯得緩慢而沉重。這主要與其國民的基本心態有關。到過德國的人都有這樣的體會：作為待客的東道主，德國人是熱情、好客的。但作為與各個不同文化同處一個屋檐下生活的鄰居，德國人卻是吝嗇又保守的。雖然在今天德國八千三百萬人口中，外國居民的數量已達到六四〇萬，雖然這六四〇萬中的大部分人都有長期居留許可，而且許多人生在德國，長在德國，即所謂「沒有德國國籍的德國人」，他們卻沒有選舉和被選舉權。許多外國人一輩子生活、工作在德國，與德國公民一樣納稅，為德國社會的發展做出貢獻，他們卻始終是這個社會的邊緣人物。

　　包括柯爾前總理在內的許多德國政治人物都一再申明：「德國不是移民國家。」他們經常談論的是，引進移民將惡化本已嚴峻的勞動力市場。但仔細分析一下就會發現，無論在哪個國家，都存在著兩個根本不同的勞務市場：一個是沒有專門技能，或專門技能甚低者的勞務市場，這裡的失業率經常居高

不下；另一個則是高級專門人才的勞務市場，這裡的情形卻是供不應求。

　　德國的問題在於，許多人往往把第一種情況作為擋箭牌，反對通過移民，改善第二種情況。一個淺顯的道理是，當把所有的外國人都堵在國外時，自然也就把本國亟需的高級人才堵在外面。無論在科技還是在企業管理領域，今日之德國都至少落後美國五年以上。儘管高傲的德意志人一再聲稱他們會趕上，但人們看到的卻是距離看來有拉大的可能。原因在於：德國靠的是日耳曼人的腦袋，美國卻集中了全球的優秀腦袋。

　　今天，在德國居民中，獨立開業經營者的比例達到12%；而在有永久居留身分的外國人當中，獨立經營者的比例卻只有4%。與德國人相比，外國人在德國成就一番事業的障礙要大得多。其中不但有語言和文化背景上的障礙。同時也有人為設置的障礙：德國以外地區的學歷和技術證書一般很難在德國獲得承認，而必須通過德國的相關考試。即便是一個學漢學的德國人，在中國名牌大學中文系用中文撰寫並通過博士論文，回國之後依然可能面臨不被承認的命運。相反，從未到過中國，用西方語言、西方的視角撰寫有關中國之論文的人，倒可以穩拿學位。

　　在德國，沒有德國國籍者當上大學教授，在今天幾乎已成為天方夜譚。對德國高校的教授做一番掃瞄就會發現，這裡幾乎清一色都是德國人。外國高級人才如因需要，當然也可以在德國高校裡工作，但與美國、加拿大等國相比，這裡的區別在於：（一）聘用大都採用有期限的合同制方式；（二）終身教授之路是被堵死的。

　　與它的鄰國法國相比，移民在德國就困難得多。仔細比較兩國的移民法律，我們就可以看出，取得法國國籍的途徑與取

得德國國籍的途徑相比，要簡單和便捷得多。比如法國法律規定：在法國出生者，其父母雙方至少有一方在法國出生者，可以取得法國國籍。在德國，不但加上父母雙方均須在德居住十年以上的條件，而且孩子必須年滿十八歲，且有五年居德期，方可在放棄原國籍的前提下取得德國國籍。至於在德國出生者，其父母為出生於外國的外國人，則永遠與德國國籍無緣。

德國人反對雙重國籍。因為對德國人來說，與國籍相聯繫的是對相關國家的義務和忠誠，雙重國籍無法保證這一點。在法國有一句名言：「是法國人選擇民族，而不是民族選擇誰能成為法國人。」法蘭西民族的認同基礎不僅包括血緣、地域及歷史因襲，而且加上對法蘭西共和國思想的認同。德法兩國相距咫尺，德國卻一直堅持只以血緣、地域及歷史因襲作為民族構成的基本要素。他們對民族認同的理解有著天壤之別！這不由得使人又一次想起，當法國資產階級革命風起雲湧的時候，近鄰的德國卻是「春風也吹不起半點漣漪」，「自由的農民就像白色的烏鴉一樣稀少」。

Chapter 9
德國製造

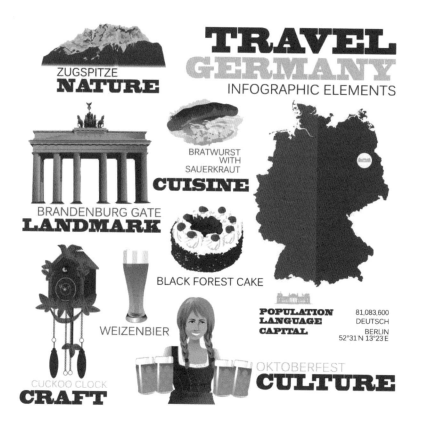

讓人想起歐共體

　　歷史上曾有希臘自由城市結成聯盟，反對外來侵略的事件。但是，為了共同的商業利益，用統一的徽飾把獨立的城市組成同盟，卻不能不說是中世紀歐洲的偉大發明。

　　「漢薩」一詞指「商人群體」，其正式的書寫形式首次見於一二六七年英國國王的一份證書。最初，該詞確指從須德海到芬蘭，從瑞典到挪威的一群商人和一群船。漢薩同盟諸城市控制了波羅的海、北海、英吉利海峽及愛爾蘭海的商業貿易。

　　中世紀的歐洲經濟大體上可分為南、北兩極。義大利，即地中海沿岸，作為舊大陸的中心，到十六世紀為止，一直處於領先地位。與它抗衡又相輔相成的另一極是北方。一六○○年前後，隨著新大陸的發現，歐洲的重心從地中海移向北方。

　　這是一次重新洗牌。從此，長期間光彩奪目的地中海和義大利一時變得黯然失色，歐洲只剩下北方一個中心。幾百年間，甚至一直持續到今天，歐洲經濟的重要圓圈和線條都圍繞著這個中心。

　　北方地區最先興旺起來的是比利時佛蘭德的布魯日。隨著萊茵河地區和北海地區經濟的發展，特別是貿易聯繫的增加，使布魯日財源茂盛。到了十三世紀，地中海地區和北海之間建立了定期的海上聯繫，布魯日從此成為四通八達的中心。

　　特別是一三○九年建立了著名的布魯日交易所，這是當時北方最先進最大的貨幣交易中心。讓我們來看看當時的一封商業信件。信中寫道：「看來熱那亞目前現金充足，因此不要把錢匯到那裡，還是付不大的代價，把錢匯往威尼斯和佛羅倫薩，或匯到這裡（布魯日）、巴黎、蒙彼利埃，或把錢存放在您認為最適當的地方。」

然而，布魯日只是從蘇格蘭到波羅的海遼闊之北方地區的據點之一。雖說它是最重要的據點，但也不過是一個據點而已。這塊遼闊的商業區域的繁榮還有賴於漢薩同盟的商業技術才能。

　　漢薩同盟諸城背靠北歐、中歐、東歐大陸，通過北海及波羅的海，與西歐、南歐開展貿易，通過出口糧食、食鹽、木材等原材料，換回呢絨、葡萄酒及其它工業品。這種簡單而堅實的貿易交換卻也並非一帆風順，為了克服困難，各城市才組成同盟。這種同盟的基礎是堅實的，因為它有共同的需要、共同的利益。同時，它也來自於這塊共同區域上所培育出來的文明。最後，它還來自於共同的語言——德意志語。然而，這種同盟又是脆弱的，因為它是抱著各自的特權不肯鬆手的城市組成的鬆散同盟。它的背後沒有國家的保護，甚至於這些城市間還沒有訂立共同的遊戲規則，在它們內部，各自的利益難免會起衝突，城市之間有時持敵對態度也就在所難免。

　　儘管這個同盟有它脆弱的一面，然而共同的利益仍起主導的作用，因為它們畢竟休戚與共。由於漢薩同盟具有強大的經濟實力，它獲得了很多特權。它在各地開設會館，擁有自己的碼頭和倉庫。如在倫敦的「斯塔爾會館」，在威尼斯的「德意志商館」，都是規模宏大，財力雄厚。漢薩同盟在當地免納大部分捐稅，甚至可以任命自己的法官，擁有治外法權。有時它還守衛城市的一座城門——這當然就不僅是一種榮譽而已。

　　在漢薩同盟內部，盧貝克和漢堡具有非常突出的地位。因為船隻從波羅的海開往北海，要經過連接盧貝克和漢堡之間的「地峽通道」；其次，這個地區盛產岩鹽。盧貝克於一二二七年成為易北河以東唯一的自由城市。

　　十四世紀下半葉，漢薩同盟逐漸衰落。有的歷史學家說，

· 漢薩同盟

這是由於工農業產品之間的剪刀叉,使波羅的海城市的貿易處
境不妙;有的說是由於德意志政治幼稚所致。

　　引起一次巨大的經濟事件之因總是多方面的,最主要的也
許要看它內部出了什麼毛病。當時西、南歐正經歷著巨大的變
動,而東歐變動轉小,夾在中間的漢薩同盟也停滯不前。由於
漢薩同盟的經濟很少採用信貸,在物物交換與貨幣交換之間搖
擺,這種交易方式逐漸不適合於時代的要求。在急劇變動的時
代,受損害的總是那些處於不利地位的弱者。

漢薩同盟的輝煌實際上只有一百年左右，與地中海經濟相比，與由於新航路開闢而帶來的經濟繁榮相比，它是短暫的。然而，城市與城市之間在沒有外力的情況下所建立的這種緊密的聯繫，的確令人感動不已。歌德在很多年之後期待著一種「世界文學」的來臨，我們從漢薩同盟則看到了一種「世界經濟」的雛型。

德國製造

　　德國在統一以後不到五十年的時間裡，經濟取得了飛速的發展。這是德國近現代史中最引人注目的一面，也是整個近現代史中最令人驚異的篇章。大概只有現代日本的經濟發展可以與之相比。這種超常規的發展當然是因為它抓住了那個時代的特殊機遇所造就的結果。然而，我們切不可以認為這種機遇完全是指外部條件，它更是德意志本身的特性所成就的效應。

　　一八七〇～一九一四年，德國從一個以農業為主的國家變成一個工業化國家，從一個「詩人和思想家」的民族轉變為以工業、金融、貿易為公共生活之顯著特徵的民族。結果是德國遠遠超過了法國，並首先在經濟方面，然後在政治方面，對英國和美國的霸權提出了挑戰。

　　前面曾經提到漢薩同盟時代的經濟貿易繁榮。其後將近六百年的時間，德國經濟無所作為，它遠遠地被拋在後面，彷彿德國在思想藝術方面的輝煌需要在經濟方面做出補償一樣。由於它沒有參加地理大發現，隨著近代史初期地理大發現時期的到來，不僅是商業地位喪失了，在經濟的其它方面也顯得一蹶不振。

· 德國製造

　　對德國經濟的跳躍發展，世界各國是缺乏準備的。一開始，英國人把市場上從德國來的商品貼上「德國製造」的標籤，其用意是明確的，就是以免消費者在市場上買到他們想像中的次貨。結果，它成了製作精巧和質量優良的標誌。德國出口的商品迅速遍及全世界。那時候還沒有今天的跨國公司，沒有「德國技術，上海製造」（廣告語），都是貨真價實的德國技術，德國製造。

　　德國經濟成長的原因很多，有些是顯而易見的，如德國的統一，普法戰爭後來自法國五十億法郎的賠款，和對阿爾薩斯─洛林的併吞，還有對英、法、美等國在技術和管理方面的借鑒與模仿。所有這些都是非常重要的。一個複雜的現象總是各方面綜合因素作用的結果。然而，如果只舉出這些，就只是

解釋了如此迅速發展的誘因和條件，而忽略了其內在的動力和利用現有條件的能力，尤其沒有解釋它在利用所有這些有利的條件時所表現出的充沛的精力和一貫的徹底精神。我們永遠不能忘記人的性格和素質，人的智慧和能力，即使對經濟進步來說，也比具體的物質條件更是一種基本的因素。

現在我們都時興談企業文化。的確，一個企業的形象定位是至關重要的。從企業的角度著眼，它本身就是一種無形資產；從社會的角度看，這是現代文明社會的標誌。

建造了世界上第一條電車軌道的西門子公司，它不僅創造了許多其它世界第一，在企業文化方面，也有很多值得學習的地方，它保存了許多傳統素質。創始人西門子曾驕傲地宣稱：「我們不是商人！」這句話當然不是指他對市場抱有輕蔑的態度，主要是用來強調他對投機的深惡痛絕。他的方針是──盡可能生產出最好的產品。

十九世紀後期的德國，科學教育和學術方面達到世界領先的水平。這是德國人徹底的探索精神造就的結果。德國普及教育的程度比世界上任何其它國家都高。沒有任何地方像德意志那樣，受過大學教育的聲望能使一個普通商人或工業家得到那麼高度的尊重，也沒有任何地方像德國大學那樣，出過那麼多哲學博士。

美國歷史學家平森說：「與法語中的『citoye』（公民）和英語中的『gentleman』（有教養的人）相當的德語詞是『gebildeter Mensch』，即受完高中教育的人。」法國歷史上的大學研究班，美國大學中的研究院，日本的技術學校，以及其它地方類似的辦學趨勢，全都打著「德國製造」的印記。

在德國的經濟發展中，還出現了一種新的事物，叫「卡特爾」。這是一種新的企業組織形式。

什麼叫「卡特爾 Cartel」？沒有一種方便的普遍定義，因為這要牽涉到對動機和經濟效用的價值判斷。德國著作家把它說成是德意志人根深柢固的合作精神的表現，這種精神與盎格魯撒克遜民族的個人主義是對立的。非德意志著作家則指出，這是大普魯士主義、泛德意志主義和帝國主義傾向在經濟領域的表現。也許實際情況是這兩者兼而有之。卡特爾是一種與托拉斯差不多的東西，是一種將競爭市場形式變成壟斷形式。

　　弗里德里希‧諾曼把卡特爾和托拉斯比作是聯邦。他說，政治學家總是感到很難區分邦聯和聯邦，因為，如果對邦聯進行強有力的管理，它就很容易變得與聯邦沒有區別。然而，對卡特爾的情況，即使到現在也並不是一清二楚。因為在當時，你若想研究卡特爾，很難得到資料。甚至有人嘆息：與建立卡特爾有關的一切都被一張無法穿透的帷幕覆蓋著，好像你是在研究祕密賭博團體或製造偽幣的賊幫一樣。

　　到了二戰後，部分祕密資料落入盟軍之手，但其中大部分不是沒法得到，就是十分混亂，不能供研究之用。然而，在德國，卡特爾在一切工業部門以令人驚異的速度發展。德國是正統卡特爾組織的國家。

　　處在祕密狀態的卡特爾，在德國受到法律的保護，並且因為其祕密，贏得了高尚可敬的名聲。但在美國，反托拉斯的聲音一直此起彼伏，到後來更使它臭名昭著。最後，國會通過立法，宣布托拉斯為非法。

　　經濟和文化確是密切相關的。卡特爾在德國的命運與托拉斯在美國的遭際是如此不同，使我們更堅定了這一看法。

從外貌說開去

德國前總理柯爾大概是世界各國領導人當中個子最大的。據說，柯爾因此招致了一些國家領導人的怨言，原因是記者拍照時，顯得很不協調，使得對方比較難堪。站在柯爾身邊，自己像個小鬼似的，對那些平日威風凜凜慣了的政客來說，的確不是滋味，似乎減少了不少威嚴。抱怨最多的是前日本首相橋本龍太郎。他昂頭踞腳，還不及柯爾的肩膀。如果計算體積，那就相差更遠。作家張承志到德國訪問時，對他們人高馬大也是印象頗深，並且還因此為我們東方人表現了一點點擔憂。的確，日耳曼人身材魁梧，古羅馬人就已經吃足了苦頭。如果不是羅馬人武器精良、訓練有素，恐怕西羅馬帝國早一些年就完蛋大吉了。

尼采對這一點深有感觸。他說：「現在歐洲人的外貌，使我產生了許多希望：在一個極具聰明才智之群眾的廣泛基礎上，正在形成一個大膽的統治種族。」使尼采產生希望的唯一依據是歐洲人的外貌，算得上是直率。後來到納粹統治的時代，他們的種族理論豐富了，複雜了。有些雖然叫起來冠冕堂皇，其實都是掩人耳目，他們自己也不相信的。他們心中的唯一根據大概也和尼采一樣：外貌。德國哲學家叔本華也有類似的「高見」。他通過同樣的邏輯，從女人的外貌和體形出發，說明女人天生就該是兩性中較弱的一性，應該受到男人的統治，並忍受分娩的痛苦。

很難想像，像尼采和叔本華這樣傑出的人物，他們的智商理應比一般人高，可上述見解，在今天看來，怎麼也想像不出是哲學家說的。如果我們說，說這樣的話就不配稱為哲學家，大概大家也會同意。對此，歌德似乎有所預感。他老早以前就

說：「比起義大利來，很難從德國人的臉上看出上帝造人的藝術。」歌德的這句話也沒有什麼道理，但如果把它當作一盆冷水，倒向幾十年後的尼采和叔本華，是十分合適的。

德國人的這種人種理論，無疑在社會達爾文主義那裡找到了一些根據。達爾文的「進化論」本是關於生物進化的理論。按照這一學說，「物競天擇，適者生存」，符合大自然的意志。這種理論相對於大自然來說，在很大程度上是符合事實的。但在人類社會，就應該得到某種程度的限制和修改。否則又要被追問這樣的老問題：「人之異於禽獸者幾希？」可惜的是，早期資本主義你死我活的競爭，帝國主義的擴張政策，及其對殖民地的奴役，這些客觀存在已經蒙蔽了大多數人的眼睛，於是進化論大行其道，成了一種放諸四海而皆準的理論，認為它既符合自然界，又符合人類社會，既適應於人性，也適應於獸性。充滿智慧的德國人難道不該問一問：存在就是合理嗎？當然，社會達爾文主義本身並不是法西斯主義，甚至人種理論也不是完全的偽科學，但它們互相配合，共同形成一種土壤，成為法西斯主義滋長的溫床。

有了上面這些思想武器，加上普魯士道德觀潛移默化的影響，使得法西斯的恐怖和大規模的屠殺變得合情合理，也使每一個劊子手因「忠實地履行義務」而對自己的血腥行為心安理得。「義務」一詞在德國人心目中往往有著至高無上的地位。

知道了這一點之後，人們就會了然，當年的德國產生的納粹法西斯主義實在不是一件「非理性的東西」。以理性思維見長的德國人當然是做了最精細的分析之後才使法西斯主義在其土地上甚囂塵上的，想不到最後卻恰恰採取了最沒有理性的行動。這也是歷史的諷刺吧！

天上的樂音

宗教改革之後，德國在文化方面出現了相對沉寂的局面。開普勒是「發出些閃光的人物。」（恩格斯語）作為近代自然科學的創始人之一，開普勒是具有世界性影響的天文學家。著名的「開普勒三定律」，不僅為哥白尼的「地動說」，也稱「日心說」補充了科學基礎，也為牛頓發現「萬有引力定律」做了理論準備。

開普勒一五七一年生於斯圖加特。由於早產，先天體質虛弱。小時候，父母經常吵架，使他的身心受到很大的摧殘。他父親是一家小客店的老板，經常像對待小伙計一樣對他拳打腳踢。後來，由於他獲得獎學金，才得以進入大學。他興趣廣泛，酷愛天文學、數學、語言學。一五九四年，他取得神學博士學位。希臘諺語說：「艱苦的童年能造就偉人，舒適安逸培養不出偉大的品格。」歷史上無數的偉人都有坎坷不平的遭遇，反覆地為這條諺語增添註腳。

開普勒一度曾因是新教徒而遭到天主教的迫害。後來又由於他天文學上的發現，得出離經叛道的結論，像一個世紀前的哥白尼一樣，注定命運多乖。幸虧因為他的造詣，開普勒得到了當時歐洲著名天文學家第谷·布萊赫的賞識。布萊赫去世之後，開普勒得到了魯道夫二世的保護。不過，這並非由於他從事研究的成果，而是心神不安的皇帝魯道夫二世需要他作為星相家留在身邊。

開普勒雖然認為宇宙與人是和諧的，但他並不相信星相決定人的命運這種觀點。他作為皇室的星相學家，從未領過工資，生活十分拮据，但他還是拒絕到英國或義大利去。

後來，由於進一步的迫害，開普勒不得不逃亡。在辭去星

相家職務的報告中，他說：「只要德國不嫌棄我，我將永遠忠於德國。我生為德國人，在德國長大，我只希望在有德意志風俗，充滿自由思想的王國中生活。」

開普勒在流亡的過程中，發現了三條定律。這三條定律後來由牛頓進一步完善，並以開普勒命名。他的第一條定律是：行星沿橢圓軌道繞太陽運行，太陽處於兩焦點之一的位置。他的第二定律也叫「面積定律」：行星運行，在距太陽近時，速度較快；距太陽遠時，速度較慢。但由太陽中心到行星中心之間的連線在相等的時間掃過的面積相等。他的第三定律又稱為「諧和定律」：行星繞太陽公轉的周期平方與它們橢圓軌道的半長軸立方成正比。

開普勒取得這些成績是不容易的，他用於觀察的望遠鏡強度不高，只有今天看歌劇用的望遠鏡的度數。萊布尼茲盛讚開普勒是「無與倫比」的人。

開普勒是一位虔誠的新教徒。他反覆強調，他的觀點與聖經是一致的。他指出，上帝在自然方面顯示的作用，是使行星形成充滿生機的實體，以幾何形式建立一個和諧的世界，並以所得見的音樂形式表現一切基本事物。他號召音樂家追隨自己，因為音樂家最懂得和諧。

輕舟已過萬重山

歷史如一葉輕舟，悄然進入新的世紀。十九世紀對於德國人來說，人們該寄予它多大的希望呢？在這個世紀，四分五裂的德國何時才能統一呢？同時，資本主義在英、法等歐洲國家都得到了很大的發展，德國的經濟明顯落後了……

也許十九世紀真是一個神奇的世紀，無論多大的願望都能得到實現。就像小孩子過聖誕節，想得到的禮物，總是如願以償。然而，這一切將如何開始？畢竟，在此之前，德國只是一個「時代的孩子」。

至少兩個世紀以來，「文化」、「教育」等概念在德國總是具有特別重要的意義。甚至可以說，與其它國家相比，它們具有德國式的特殊意義和傾向。在《文化對抗文明》一篇中，我們分析了「文化」的特殊含義。「教育」的概念又如何呢？它如何獲得新的含義？為了回答這些問題，我們有必要簡略地回顧德國教育發展的歷程。

首先，一批具有遠見卓識的人在文化教育方面進行了改革。他們的成果是如此顯著，到十九世紀中葉，德國教育明顯地走在歐洲其它國家的前列。

歷史就是這麼神奇，當它在呼喚偉人時，偉人就如響斯應地出現了。有人說，這是「時勢造英雄。」我倒寧肯相信，這其中有人們看不透的一點點神祕性存在。了不起的洪堡在這時候出現，真是適逢其時。

威廉‧馮‧洪堡（一七六七～一八三五年）曾就學於哥廷根大學，在那裡，深受人文主義的影響。從他年輕時候的一幅側身像上，我們看到，他身材修長單薄，一束頭髮高高地結在後面，嘴的輪廓分明，很秀氣，但下巴頗過尖，可以看出他富於幻想，體力略嫌不足。他從人文主義出發，主張人人都有獲得教育的權利，同時主張人性的全面發展和宏揚。

洪堡在十九世紀初曾短期擔任了普魯士內務部教育廳廳長。在這期間，他成功地推行了德國近代教育史上最重要的一次教育改革。這一次改革是深刻而全面的，在學制、教學方法、課程、考試、學校管理和師資方面所進行的一系列改革方

針，為新的歷史時期建立了一整套教育制度。

洪堡把學制嚴格區分為國民學校、中等學校和大學。在國民教育方面，推廣瑞士著名教育家裴斯洛齊的教育理論和方法，強調實施初等義務教育。教學內容方面有極大的發展，除了宗教方面的課程，更強調讀、寫、算方面的初步知識。教育方沃上注意利用實物進行教育。中等教育方面，力圖貫注人文主義的精神。這方面改革在柯尼斯堡率先實行。他將該邦的五所中學改為兩所初級中學，年限四年，三所高級中學，年限八年。高級中學學生通過畢業考試，可以直接進入大學。為了保證教學質量，一八一〇年，普魯士政府頒布改造教師的飭令。在高級中學專門制定了一種考試制度，建立了教師個人資料卡。改造教師由專門的「教育代表團」負責，未經考試合格之人員不得充當教師。一八一〇年，洪堡主持修改了文科中學的教學計畫，減少古典語文的教學時數，把語文列為基礎課程，重視地理和歷史教學，增加了自然科學的科目，使文科中學的教學內容能夠面向現實。高等教育方面，一八一〇年，洪堡在費希特等人協助下，創立了柏林大學。柏林大學的創立不只意味著增加一所大學，它更提供了某種模式。

可以說，歐洲大學十二、十三世紀就已出現了，但是，真正現代意義上的大學（學科眾多，注意培養「通才」）卻是十九世紀的產物。這其中，柏林大學起著一種示範性的作用。它傳授知識，又發展科學，成為科學和學術中心。他首次提出了「教學同科學研究相統一」的原則。柏林大學把重點放在科學研究方面。他認為，在科研方面卓有成就的優秀學者，也總是最好、最有能力的教師。在學校管理方面和科研方面，柏林大學擁有完全的自由。在柏林大學，打破了非本地學生不能入學的傳統（柏林大學建立後，許多大學仿照柏林大學，進行了改

革）。這些思想不僅極大地促進了科學教育文化的發展，對歐美現代大學的發展，影響也是巨大的。

二十世紀初，蔡元培長北京大學，真正把京師大學堂辦成了一所現代意義上的大學。他在北京大學倡導的學術獨立與寬容，在當時的中國真是空谷足音。這肯定與蔡先生早年留學德國不無關係。中國人喜歡後講「政統」、「學統」，如果要講「教育」這一統，恐怕不能忘記德國對中國教育的影響。

梅貽琦在西南聯大時說：「大學者，非有高樓大廈之謂也，有大學者之謂也。」這種思想有極高明的地方，與柏林大學強調科研學術是一致的。比起錢鍾書的小說《圍城》裡高松年校長關於大學的有機體理論來，高明豈可以道理計。不幸的是，就是到現在，高松年的這種教育思想伴隨著《圍城》的暢銷，還是大有市場。

當然，由於洪堡擔任教育部長的時間很短，他的改革計畫無法全部實現，也不可能盡善盡美，還有待於後來者的繼續努力。如後來德國在職業技術教育方面就取得了巨大的成就。在德國工業化的過程中，各種職業技術學校培養了大量人才。同時，隨著職業技術學校的發展，各種工科大學在十九世紀六十年代應運而生。它們不是綜合大學的工學院，而是獨立的大學，如柏林工業大學和漢諾威工科大學。

威廉‧洪堡在德國實施的教育改革是德國十九世紀改革的一個重要組成部分，他取得的開創性成績要歸功於他是一個政治家。他研究政治，同時也研究考古。他從來就不是一個純粹的教育家。這樣說並不是否定他在教育改革方面的傑出貢獻。緊隨其後，德國的偉大教育思想家出現了。

赫爾巴特的教育思想

　　赫爾巴特（一七七六～一八四一年）是德國著名的教育家，也是現代科學教育學的奠基人之一。他出生於奧登堡，從小受到嚴格且良好的教育。一七九四年起，赫爾巴特在耶拿大學讀書，師從費希特，打下堅實的哲學基礎。一七九九年，在瑞士，他與裴斯泰洛齊相識，深受他的教育思想之影響，從此把改革學校教育，致力於教育科學事業作為他一生的追求。

　　一八○九年到哥尼斯堡大學任教，創辦附屬於大學的教育講習所。他出版了《普通教育學》（一八○六）、《形而上學要論》（一八○八）、《實踐哲學概論》（一八○八）、《哲學理論綱要》（一八一三）、《心理學教科書》（一八一六）、《科學的心理學》（一八二四）、《普通形而上學》

・赫爾巴特（1776—1841年）

（一八二八年）等著作。在他逝世之前又出版了他的扛鼎之作
《教育學講授綱要》（一八三五）。

赫爾巴特論證了教育學與心理學的關係，以心理學論證教育的方法。為了實現教育心理化，他提出了「統覺心理學理論」，認為「統覺作用」就是利用已有的觀念吸收新的觀念，從而構成觀念團；觀念團越多，越系統化，就越能吸收新的觀念和知識。至今他的關於觀念和統覺的基本原理仍是教育心理學中的一個重要思想。

關於教學，他提出了比較廣泛的課程體系。他認為，應該培養學生多方面的興趣。興趣是人之意識的內在動力，是傳授新知識，形成新觀念的條件，多方面的興趣是充分的知識訓練所得的結果。他提出了與經驗興趣、思辨興趣、社交興趣、社會興趣、審美興趣、宗教興趣等相應的課程。他還提出了教學理論，把教學過程分為：（一）明瞭──在觀念靜態中對教材的探究；（二）聯想──在觀念動態中對教材的探究；（三）系統──在觀念靜態中對教材的理解；（四）方法──在觀念動態中對教材的理解。

赫爾巴特強調道德教育的地位，注重古典人文學科和神學對道德教育的作用。他指出：「道德普遍地被認為是人類最高明的，因此也是教育的最高目的。」並強調這種教育主要靠陶冶而非強制，強調教師的人格對學生的重要影響。

赫爾巴特是西方近代史上有重要影響的教育家。他的理論既保守又進步。他的教育思想重心是維護現存的社會秩序，同時提出了教育發展人的多方面興趣，對自然科學在教育中的作用給予重視──這反映了社會的要求。

赫爾巴特在世時，他的教育思想影響不大，比諸同時代的費希特、黑格爾等，他自感受到了冷落。他嘆道：「我那可憐

的教育學說沒能喊出它的聲音來。」但是，隨著時間的推移，他的教育學說得到了廣泛的傳播。十九世紀下半葉～二十世紀初，他的教育思想超越德國，走向世界，他的學說在美國、日本極為盛行。

二十世紀初，中國從日本間接引進了赫爾巴特的教育思想。一九○九年商務印書館出版的蔣維喬的《新教育學》和一九一四年商務印書館出版的張子和的《大學教育》，其基本思想都來自赫爾巴特（前者是翻譯的，後者是編寫的）。可以說，他的教學理論對我國現代教育的影響是很大的。

一醉方休

每一種文明都發展了自己的飲料，特別是含酒精的飲料。有人認為，伊斯蘭地區是個例外。但歷史證明，它仍然是那裡不知疲倦和受歡迎的祕密旅客。在中國，至晚到商代，酒就已經是一種常見的飲料；到魏晉南北朝時，酒更是超出了一般飲料的作用。如果說「何以解憂，唯有杜康」是酒的本職工作，那麼，到了後來，阮籍、嵇康等酒徒更可以說是發揮了一種酒文化。

與中國人相比，歐洲人更好酒。只不過，雙方所喝的酒有些不同。中國人多喝米酒、燒酒；歐洲人偏好啤酒、葡萄酒。歷史上，法國人比較有錢，也較斯文，飲葡萄酒較多。相比之下，德國人窮一點，也豪爽一點，喝啤酒成風。當然，這與德國大部分地區不適於種植葡萄有關。

提到德國人喜歡喝啤酒，很自然地讓我們想起慕尼黑的啤酒節。慕尼黑啤酒節在德國被稱為「十月節」。一八一○年十月十

二日，巴伐利亞王儲路德維希與薩克森王國的特蕾澤·夏洛特·露易絲公主舉行盛大的婚禮，王儲的父親約瑟夫決定為他的兒子舉行為期兩天的慶祝活動。為了表示國王對其臣民的恩典，在這兩天的活動中，慕尼黑有四個地方向全體平民免費供應飯菜和飲料。王國的騎兵衛隊還在慕尼黑西南的一個大草坪上舉行賽馬和射擊比賽，以示助興。為了紀念這個節日，參賽的官兵請求用新娘特蕾澤的名字命名這個草坪。從那時候起，這個草坪就稱作「特蕾澤草坪」。由於慶典給人們留下深刻的印象，所以決定一八一一年再搞一次全民性活動，以後每年舉辦一次。

德國人喝啤酒十分普遍，特別是慕尼黑的居民。現在，每年十月節的時候，慕尼黑的啤酒廠於節前就在特蕾澤大廣場上搭起巨大的啤酒大篷。中午十二時，在幾響禮炮聲和音樂聲中，市長用一柄木槌，把黃銅龍頭敲進一個大啤酒桶內，然後擰開龍頭，啤酒流入一個特製的大酒杯。市長飲下這第一杯酒，十月節便正式開始。啤酒是節日的主題。慕尼黑啤酒質地好，味道純，酒精含量比一般啤酒低，僅為四·五度。慕尼黑人喝啤酒一般不用小杯子，而用能裝半升或一升的陶罐或同樣大小的玻璃杯。十月節期間，各帳篷裡都由身穿巴伐利亞民族服裝的女服務員給顧客送酒。她們看上去都很苗條，雙手卻力大無比，一次可拿十只裝滿啤酒的大酒杯。這也成為十月節的一景。

世界各地都有人喝啤酒，但與德國人相比，似乎都略遜一籌。因此，德國人「啤酒肚子」就多了起來。因為德國人長得高大，還不至於特別顯眼。巴黎人對德國人喜歡喝啤酒常常嗤之以鼻，輕蔑地把啤酒稱為「北方飲料」、「瀉藥」，認為它總有一股馬尿味。但是，優雅的巴黎人如此批評，更證實了德意志人民粗獷豪邁，不拘小節的一面。大杯喝酒，大塊吃肉，正是德意志人慷慨又質樸自然的表現。

愛因斯坦的夢

　　描述德意志的智慧，大概是一件吃力不討好的事。德國人出類拔萃，在各個方面都深不可測；智慧藏匿其中，就是看一眼，都未必有這個「眼福」——即使僥倖撞見了，又有什麼辦法能逮住它呢？會不會存在一些竅門？我試著去尋找，從兩方面很是下了一些功夫。

　　首先，德國人有一個習慣——歌德、尼采、托馬斯·曼等等都喜歡批評德國；特別是對德國人，他們的批評毫不留情，入木三分。從這些批評中，我們可以得到很多消息。另外，這可以教導我從反面認識德國人，看看那些沒被批評的地方，德國人自己也覺得得意的地方。當然，這樣也存在一些危險。以德國人的眼光看德國人，會出現一些問題，比如「當局者迷」這樣的老問題。他們的思想、眼光本身就是典型的德國式，有時會出現一些奇怪的東西，如首尾相接的蛇。

　　其次，我可以走一些捷徑。像愛因斯坦，他是牛頓以來最偉大的物理學家，是二十世紀的哥白尼。像這樣偉大的科學家，歷史上需要幾百年才出一個，智商高得嚇死人。遇到這樣的人，從正面去發掘，肯定不行，只能旁敲側擊，甚至於從遠處望望，看看是不是能透過雲霧，看出一些真面目來。

　　最近我讀了一篇《愛因斯坦之夢》的小說，是由美國麻省理工學院的一位物理學家阿蘭·萊特曼寫的。這本書雖然與愛因斯坦的關係不大，但愛因斯坦的理論討論了時間的各種問題，這本書就是把人放到愛因斯坦的時間中，看看人生是否會有什麼變化。作者假設了時間的各種可能性。例如：當時間停止，一切凝固為永恆；時間截止於現在，世界沒有未來；時間首尾相接，世界有如處在漩渦之中；時間走走停停，未來乍隱

乍現……等等。了解愛因斯坦理論的人知道，時間的這些變化似乎玄得很，卻並不缺乏根據。把人生安置到這樣一種虛擬的情境裡，就如同洗淨擦亮似的清晰起來。

在時間停止，一切凝固為永恆的情況下，萊特曼設想了親情和戀情：

> 「在時間靜止的這個地方，爹娘摟定了孩子再不鬆開。那美麗的金髮碧眼小女兒，她微笑的此刻將成為燦爛的時時刻刻，頰上的桃紅永遠不會褪色，她不會起皺、不會疲憊）、不會受害，不會忘父母所教，明白父母所昧，她不會懂得邪惡，不會向父母說不愛，不會想著海天，離別家園，不會不像現在這樣親近爹娘。

> 「在時間靜止的這個地方，戀人在樓影裡相擁接吻再不鬆開。他們的手臂再不換地方，再不還君明珠，再不獨走天涯，再不冒險犯難，再不羞說衷腸，再不嫉妒，再不移情別戀，再不失卻此刻的繾綣。」

萊特曼設想了人人都明白了末日快到了的世界：

> 「末日的前一天，街上笑語歡聲。從不說話的鄰居互致朋友的問候，寬衣解帶，到噴泉裡洗澡。還有人往阿勒河裡扎猛子，游到精疲力盡，便躺在河邊厚厚的草坪上吟詩誦賦。素昧平生的律師和郵局小職員笑談著藝術和色彩，手挽手走在植物園內一片姹紫嫣紅裡。從前的職位高低還有什麼關係？……結束前一分鐘，所有人都集合在藝術館的空地上，男人、女人、孩子圍成大圈拉起手……」

這實在是一幅動人的場面，末日使人擺脫了重負……

萊特曼還設想人都長生不死。在他看來，這有些糟糕：

「因為生命無窮，親戚也就無數。不獨祖父母健在，曾祖父母、太姨婆婆……都活得好好的，等著獻計獻策。兒子永遠跳不出爹的影子，女兒也躲不開娘的蔭護。沒有一個人獨立自主……一個人要幹件事兒，先得徵詢父母、祖父母、列祖列宗的意見，以免走彎路……誰都不完整，誰也不自在。到後來，有些人想通了，要想活，唯有死……這一小伙人由親人目送，投入斯坦茨湖，或跳下萊馬峰，一了那沒完沒了的生命。就這樣，有限戰勝了無限，千萬年輸給一閉眼。」

萊特曼還設想了很多很多有趣的情況……這部小說讀起來很輕鬆，但它提出的問題可不小，處理方式又巧妙——就把它看作是小說家與愛因斯坦的對話吧！這種對話裡所包含的智慧，你能領會嗎……

〈全書終〉

國家圖書館出版品預行編目資料

德意志的智慧／劉小明 -- 初版 --
新北市：新視野 New Vision，2020. 03
　　面；　　公分--
　　ISBN 978-986-98435-7-7（平裝）
　　1. 民族文化　2. 德國
743.3　　　　　　　　　　　　　　　109000966

德意志的智慧

劉小明　著

主　　編　顧曉鳴
企　　劃　林郁工作室
出　　版　新視野 New Vision
責　　編　林郁、周向潮
　　　　　電話：（02）8666-5711
　　　　　傳真：（02）8666-5833
　　　　　E-mail：service@xcsbook.com.tw

印前作業　菩薩蠻數位文化有限公司
印刷作業　福霖印刷有限公司

總 經 銷　聯合發行股份有限公司
　　　　　新北市新店區寶橋路 235 巷 6 弄 6 號 2F
　　　　　電話 02-2917-8022
　　　　　傳真 02-2915-6275

初版一刷　2020 年 03 月